삶을 바꾸는 글쓰기의 힘

오나이쓰!

삶을 바꾸는 글쓰기의 힘

오나이쓰

오늘 나의
이야기를 쓰다

ON

OFF

WRITING
TRAINER

김 민

O∧

프롤로그

투고를 통해 오 년 동안 일곱 권의 책을 냈어요. 글쓰기에 대한 책을 수백 권 읽었지만 실제로 '글을 쓰게 만드는' 책은 없었어요. 단지 '이론'에 그칠 뿐 쓰는 '행위'를 일으키지 못하더군요. 일단 펼치면 한 줄이라도 쓰는 책을 만들고 싶었어요. 글을 쓰다 지칠 때 나아갈 힘을 주는 이야기를 하고 싶었어요. 글쓰기 책을 아무리 읽으면 뭐 해요. 쓰지 않으면 의미 없죠. 레시피를 달달 외워도 실제로 요리하지 않으면 아무 쓸모도 없어요. 노트와 펜이 준비되지 않았다면 페이지를 넘기지 마세요. 글을 쓸 마음이 없다면 책을 덮으세요. 시간만 낭비하게 될 테니까요. 차라리 소중한 사람과 시간을 보내고 자신을 즐겁게 만들 일을 하세요.

스토리텔링은 어렵지 않아요. 당신에겐 이미 특별한 스토리가 있어요. 단지 그것을 이야기하기만 하면 돼요. 멋진 글을 쓰지 않아도 괜찮아요. 글을 쓰는 것보다 멋진 일은 없으니까요. 작가란 단어는 동사예요. 글쓰기는 현재진행형이에요.. 형편없는 문장이라도 머릿속에 숨겨둔 글보다 나아요. 지금 필요한 건 글을 쓸 용기죠. 오늘 글을 쓴다면 당신은 작가예요. 어려운 문법이나 이론은 없어요. 당신이 하나뿐인 이야기를 시작하도록 도울 거예요. 당신은 생각을 문장으로 전환하는 법을 배우게 될 거예요. "펜은 칼보다 강하다."는 말이 있죠. 칼은 사람을 해치지만 글은 삶을 일으키죠. 글을 쓰는 사람은 펜을 쥐고 일어서는 법을 배워요. 특별한 이야기를 가진 사람만 작가가 되는 건 아니에요. 자신의 이야기에 깃든 특별함을 믿을 때 작가는 태어나지요.

오늘 나를 위해 쓰세요.
이 책을 당신을 위한 서재로 삼으세요.

프롤로그   04

에필로그

트레이닝
Step 1

한 페이지로 끝내는 글쓰기 수업

☐ 한 사람을 생각하며 쓰세요.

  (모두에게 말하면 누구도 듣지 않아요.)

☐ 한 가지 톤을 유지하세요.

  (앞에서는 ~입니다. 뒤에서는 ~이다. 중간에는 ~하세요.×)

☐ 한 문장에 주어도 하나, 서술어도 하나

  가능하면 단문으로 쓰세요.

☐ 한 꼭지에 하나의 주제만 담으세요.

☐ 한 단어를 이유 없이 반복하지 마세요.

  (같은 단어를 거듭 말하면 글이 지루해져요.)

☐ 한 꼭지를 한 줄로 표현해 보세요.

  한 줄을 제목으로 삼으세요.

☐ 글쓰기를 한 문장으로 정의하면

  '짧고 쉽게 계속 쓰는' 거예요.

스트레칭

1. ㉠~㉭ 까지 한 줄에 하나씩 세로로 적으세요.

2. 자음에 맞춰 떠오른 단어를 써보세요.

3. 단어에서 연상되는 낱말을 다섯 개 가로로 쓰세요.

4. 각 줄의 단어를 이어 문장을 만들어 보세요.

   (순서는 상관없어요)

㉠ 글쓰기	㉭
㉡ 노래	㉢
㉢ 달리기	㉣
㉣	㉤
㉤	㉥
㉥	㉦
㉦	㉧

㉠ 글쓰기, 메모, 기록, 치유, 고요, 시작

㉡ 노래, 이야기, 발걸음, 꽃, 봄, 계절

㉢ 달리기, 여름밤, 바람, 뜨거움, 추억, 온기

ⓛ _____

ⓜ _____

ⓗ _____

ⓢ _____

ⓞ _____

ⓙ _____

ⓣ _____

ⓚ _____

ⓔ _____

ⓟ _____

ⓗ _____

ㄱ **글쓰기**는 **메모**에서 **시작**된다. **기록**하는 습관으로 나를 **치유**
   한다. **고요**에 몸을 담그고 나를 위해 쓴다.

ㄴ 내 **발걸음**도 **노래**가 되겠지. **꽃**은 지고 **봄**은 멀어져도 내가
   살아낸 모든 **계절**은 **이야기**가 되겠지.

ㄷ _____

12

아무 의미 없는 일 같나요. "for sale baby shoes never worn" (아기 신발. 팔아요. 한 번도 사용한 적 없어요.) 헤밍웨이가 쓴 여섯 단어로 된 소설이에요. 단 여섯 단어죠. 아기에게 무슨 일이 있었을까요. 부모에게 대체 무슨 일이 일어났기에 아기의 신발까지 팔아야 했을까요. 대공황, 가난, 실업, 아이의 죽음, 부모의 다른 아이들. 여섯 단어로 상상할 수 있는 사연은 무한하죠. 여섯 단어로 독자에게 호기심, 동정, 슬픔 등 온갖 감정을 이끌어내죠. 2번에서 당신은 생에서 몹시 중요한 단어들을 찾아냈고, 3번에서 당신 마음의 사전을 펼친 거예요. 4번에서 당신은 14개의 문장을 만들었어요. 의심하지 마세요. 아무것도 아니라고 생각하지 마세요. 거장의 작품도 한 단어에서 시작되고 위대한 문학 작품도 단 한 줄에서 출발해요. 글쓰기라는 '행위'에 익숙해지는 것부터 시작하기로 해요.

트레이닝
Step 2

| 라이팅 트레이닝 ⓦⓣ |

☐ 글쓰기와 운동은 다르지 않아요.

☐ 운동 전에 에너지를 보충하세요.
　 메모를 하고 글감을 준비하세요.

☐ 운동 시작 전에 스트레칭을 하세요.
　 글을 쓰기 전에 세팅을 하세요. (음악, 장소, 조명, 음료 등)

☐ 운동 중에는 몸의 움직임에 집중하세요.
　 글을 쓸 때 책을 읽거나 자료를 찾지 마세요.

☐ 체력이 허락하는 한도 내에서 운동하세요.
　 오늘 쓸 수 있는 만큼 쓰고 무리하지 마세요.

☐ 운동 후에는 숨고르기를 하세요.
　 그날 쓴 글을 읽거나 명상하세요.

스트레칭

처음 쓴 단어들을 ㉠~㉭ 순으로 세로로 이어 이야기를 만들어 보세요. (단어를 그대로 쓰지 않아도 괜찮아요. 순서를 바꿔도 돼요.)

글쓰기

나

다름

리듬

마음

바람

사랑

아름다움

자유

처음

카카오톡

타인

푸름

하루

글쓰기는 **나**를 찾는 여행이다. **다름**을 받아들여 나만의 **리듬**을 만든다. **바람**에 몸을 맡기듯 **마음** 가는 대로 쓰면 된다. 나를 **사랑**하는 힘이 글쓰기에 있다. 세상의 **아름다움**을 느끼게 만든다. 영혼을 **자유**롭게 만든다. **처음**은 어려웠지만 나에게 **카카오톡**을 하듯 계속해서 쓰다 보니 **타인**의 말에 흔들리지 않게 되었다. 매일 **푸르러지는** 기분이다. **하루**가 충만해진다.

스트레칭

두 번째 세로 줄부터 여섯 번째 줄까지 같은 방식으로 문장을 만들어 보세요.

트레이닝
Step 3

글쓰기에 실패는 없다

도대체 잘 쓴 글이 뭘까요? 좋은 글의 기준은 누가 정하지요? 평론가나 심사위원인가요? 그들에게 그럴 자격이 있나요? 다른 예술에 비해 타고난 재능에 구애받지 않는 것이 문학의 매력이죠. 절대음감이나 색채감각이 없어도 괜찮아요. 자신을 태울 용기만 있다면요. 퇴고하지 않은 글은 부끄럽죠. 진실하지 못한 글도 부끄러워요. 하지만 가장 부끄러운 건 쓰이지 않은 글이에요. 좋은 글은 없어요. 잘 쓴 글도 없어요. 저마다의 색깔을 지닌 이야기가 있을 뿐이지요. 엉망진창일지라도 꾸준히 써나가세요. 진흙탕 위에 연꽃이 피듯 아름다운 문장이 나타날 때까지요. 상투적인 말이라도 진심을 담으면 시가 돼요. 완성한 글이 좋은 글이에요. 완결된 글은 모두 특별해요. 완결을 거듭할수록 완성도는 높아져요. 짧은 글이라도 도저히 쓸 수 없을 때까지 쓰고 마침표를 찍으면 돼요. 오늘 한 줄이라도 썼다면 해냄이며 이룸이에요. 글쓰기에는 끝이 없고 새로운 시작이 있을 뿐이죠. 첫 번째 고백처럼 설레는 한 문장을 쓰세요. 마지막 숨결처럼 진실한 한마디를 쓰세요. 용기가 첫 문장을 쓰면 끈기가 마지막 줄을 채우죠. 글쓰기에는 실패가 없어요. 글쓰기는 결과가 아닌 과정으로 자신을 증명하는 일이죠. 글쓰기는 자신 안에 있는 이야기를 꺼내는 순간 실현되는 소망이에요. 이야기는 세상에서 얻을 수도 타인에게서 받을 수도 없어요. 오직 자신에게서 구할 수 있을 뿐이지요. 씀으로써 자신을 구하는 거예요. 이야기는 아무리 써도 줄지 않아요. 오히려 깊은 곳에서 다양한 것을 꺼내 쓸 수 있게 되지요. 자신 안에 깊은 바다가 있음을 알게 되죠. 자신이 우주와 같은 존재임을 느끼게 되죠. 죽음을 생각할 정도로 고통스러웠던 적이 있었어요. 더는 못하겠다는 생각이 들었죠. 절망이 삶을 극단으로 떠밀었지만 글쓰기로 삶을 구했어요. 죽고 싶은 기분, 절망에 빠진 느낌, 상실감, 허무함 같은 감정을 있는 그대로 쏟아냈어요. 글쓰기로 스스로를 구할 수 있었어요. 당신에게도 자신을 구할 수 있는 힘이 있어요. 상실이나 실패를 글감으로 삼아 쏟아내세요. 잡념을 내려놓고 슬픔을 쏟아내고 절망을 비워내세요. 그럴수록 글은 진실해지고 삶은 평화로워져요. 나는 나로 오롯해져요. 세상에 이처럼 근사한 일이 있을까요. 신은 모든 곳에 있을 수 없어 어머니란 존재를 만들었다던가요. 당신 자신이 되기 위해 글쓰기가 있어요. 나를 비울수록 내가 채워져요. 나를 비울수록 글이 채워져요. 글쓰기에 필요한 것은 영감이 아니에요. 당신에게 필요한 것은 체감이에요. 글을 쓸 수 있다는 실감만 있으면 돼요. 영감은 특이한 무언가가 아니죠. 일상을 특별하게 만드는 힘이에요. 영감은 관찰에서 와요. 낯선 것들을 바라보세요. 익숙한 것들을 바라보세요. 사랑하는 이들을 지켜보세요. 당신이 본 것들을 써 내려가다 보면 무언가가 당신의 가슴을 울릴 거예요. 마을과 마을이 길로 이어져 있듯이 마음과 마음은 글로 이어져요. 몸과 마음도 그렇죠. 생각은 이름 짓지 않은 마음이기에 그대로 두면 무거워져요. 생각을 글로 옮기면 길이 돼요.

아이들이 공놀이하는 모습을 떠올려 보세요. 공이 어디로 튈지 모르기에 재밌어하죠. 글쓰기도 그래야 해요. 현란한 드리블을 선보이는 축구선수도, 정교한 슛을 쏘는 농구선수도, 강속구를 던지는 투수도 시작은 공놀이였죠. 사소하고 평범하다고 쓰지 않은 그 문장이 새로운 세계의 문을 여는 열쇠일지도 몰라요. 지금 그냥 써버리지 않으면 어디로 갈 수 있었는지 영영 알아낼 수 없겠지요. 살아 숨 쉬는 문장을 쓰고 싶다면 생각이 알아서 움직이도록 내버려 두세요. 그저 옮겨 적기만 하면 돼요. 당신이 춤을 추면 그곳이 무대이듯이 문장을 생각하고 글을 쓰는 동안 당신은 작가에요. 문장이 나아가지 못하는 때도, 쓴 글이 마음에 들지 않을 때도 있을 거예요. 글을 쓰며 좌절감을 맛보는 건 누구나 마찬가지예요. 시도한 사람만이 실패하고, 성장하는 사람만이 아파하죠. 지금 당신은 위대한 작가들과 같은 감각을 공유하고 있는 거예요. 글쓰기는 깨달음을 전하기 위한 수단이 아닌 쓰면서 깨닫는 과정이에요. 알려주려고 쓰는 게 아니라 알고 싶어서 쓰는 거지요. 전문가라 쓰는 게 아니라 배우기 위해 쓰고, 성장하고 변화하기 위해 쓰는 거지요. 자신만의 언어를 가진 사람은 타인의 말에 쉽게 흔들리지 않죠. 인생을 이야기로 받아들인 사람은 불행에 무너지지 않죠. 세상을 소재로 바라보는 사람에게는 매일 새로운 문이 열리죠.

스트레칭
각 단어로 이행시를 지어보세요.
알약, 라면, 배달, 병원, 사과, 상실, 독서

트레이닝
Step 4

빨간 펜으로 쓴 책은 없다

제시한 소재로 글을 쓰면서 시험이라 여기지 않길 바라요. 점수 매기거나 순위를 정하지 않을 테니까요.

당신에게는 이미 근사한 이야기가 있어요. 글감을 꺼내는 방법을 훈련하는 것뿐이에요. 글쓰기에 익숙해지면 문장이 스스로 나아가는 순간이 와요. 지금 필요한 건 까만색 펜이에요. 손 가는 대로 글을 쓰세요. 원고를 완성한 후에 고치기로 해요. 적어도 글 한 편을 마친 후로 미루기로 해요. 당신 안의 비평가들이 침묵해야 내면의 작가가 깨어나죠. 일단 더하세요. 이 책을 쓸 때 글쓰기에 대해 아는 것과 듣고, 배우고, 느끼고, 말하고 싶은 모든 걸 담았어요. 이 정도면 됐다 싶을 때까지요. 그런 다음에 글쓰기에 필요한 것만 남기고 모두 뺐어요. 처음부터 필요한 것만 담으면 좋겠지만 원고를 쓰기 시작할 때는 지금만큼 선명하지 않았어요. 쓰면서 배웠거든요. 쓰는 만큼 알게 되는 거죠. 속도에 연연하지 마세요. 단 한 줄이라도 나아가세요. 글쓰기는 끝이 없어

21

요. 끊임없는 시작이 있을 뿐이에요.

　　메모를 하세요. 메모는 메모를 부르고, 메모가 모이면 글감이 되고, 글감을 이으면 글이 되고, 글이 쌓이면 책이 되는 거예요. 매일 백지와 마주하려 용기를 짜내지 마세요. 메모를 강을 건너갈 징검다리라 생각하세요. 그냥 떠오르는 대로 적으세요. 아무 상관 없는 문장이라도 괜찮아요. 보고서를 쓸 게 아니잖아요. 돌아가는 것도 괜찮아요. 메모는 생각을 시각화하고 구체화해요. 잡다한 생각을 한곳에 모으게 만들어요. 우리는 메모를 모은 뒤 잇기만 하면 되는 거예요. 다리를 보강하고 새로운 메모를 곁들이고 튀어나온 돌은 빼버리기도 하는 거죠. 개울에 돌 하나 던져 놓아도 언젠가 길이 될 거예요. 시험 전에 떨리는 건 준비가 부족하기 때문이죠. 글쓰기가 긴장되는 건 백지를 마주하기 때문이죠. 메모를 준비해 오세요. 시험을 망치는 건 잘 쳐야 된다는 부담감 때문이죠. 뭐라도 쓰세요. 언젠가 뭐든지 쓸 수 있을 거예요. 떠오른 문장을 놓치지 마세요. 틈날 때마다 메모하고 글감을 모아보세요. 글쓰기는 요리예요. 신선한 재료를 구한 다음 (메모) 재료에 어울리는 양념을 넣고 (경험, 사유) 충분히 숙성시키는 거죠. (퇴고)

스트레칭

당신의 인생을 30자로 요약해 보세요. (띄어쓰기는 제외.)

스트레칭

각 단어들로 이행시를 지어 보세요.

볼펜	
치약	
봄밤	
창문	
배신	
세월	
변화	
화장	
작가	
탈출	

트레이닝
Step 5

일기는 작가의 적금

어디에 쓰건 무엇을 어떻게 쓰건 상관없어요. 노트북이나 다이어리도 좋아요. 스케줄러에 간단한 메모만 해도 괜찮아요. 하루 동안 당신이 느낀 것들을 꾸준히 쓰기만 하면 돼요. 일기만 써도 삶은 달라져요. 당신의 일상을 기록하세요. 사소한 기록이 당신의 역사가 될 거예요. 일상에서 느끼는 기분들, 사람들에게 품는 감정들, 삶에 대한 질문과 세상에 대한 의견을 마음 가는 대로 쓰세요. 일기를 통해 내면의 목소리에 귀를 기울이는 법을 배우게 될 거예요. 사소한 문장이 이어져 커다란 이야기가 됨을 목격할 거예요.

당신이 자아내는 태피스트리가 얼마나 다양한 색과 무늬, 질감을 갖고 있는지 깨닫게 될 거예요. 내일의 나를 위해 기록하세요. 오늘의 나를 위해 시간을 내어주세요. 기쁨도, 슬픔도, 혼란도, 권태도 당신 인생의 이야기죠. 일기는 당신만을 위한 세상이에요 이곳에서 당신이 해야 할 일은 당신뿐이죠.

고작 일기 쓰기로 무엇이 변할까 의심하지 마세요. 자신을 온전히 인정할 때 열리는 세상이 있어요. 오늘 한 생각이 철학이 되죠. 오늘 배운 개념이 가치관을 이루죠. 오늘 느낀 슬픔이 당신을 깊게 만들죠. 오늘 느낀 기쁨이 당신을 넓게 만들어요. 자신에게 필요한 것이 무엇인지 알게 될 거예요. 자신을 위해 무언가를 하게 될 거예요. 몇 주만 써도 생활 패턴을 알게 될 텐데 당신의 일상이 별 볼일 없기 때문이 아니라 글쓰기가 지닌 특별한 힘 때문이죠. 일상의 패턴을 알면 일상에 무늬를 넣을 수 있게 돼요. 약이 효과가 뛰어나면 잘 듣는다고 하지요. 마음을 치유하는 방법도 같아요. 자신의 이야기를 들어주세요. 좋은 약이 입에 쓰다고 하죠. 마음을 건강하게 만들려면 자신을 위해 써야 해요. 글쓰기보다 시급한 일이 있을 거예요. 글쓰기보다 중요한 일도 있을 테지요. 하지만 글쓰기보다 본질적인 일은 없어요.

일기를 쓰면 당신을 위해 삶을 쓰게 될 거예요. 생각을 옮기는 과정을 거듭하며 마음의 근육이 성장할 거예요. 마음이 강건해지면 생각한 대로 살 수 있어요. 지금까지 걸어온 길을 인정해 주세요. 지금부터의 길을 결정하게 될 거예요. 일기는 당신을 위한 기도죠. 자신에게 하는 기도는 이루어져요. 자신으로 돌아가는 여행을 계속하세요. 자신에게 들어가서 당신을 위한 세상으로 나오게 될 테니까요. 일기는 삶을 향한 고백이죠. 자신에게 집중해, 자신이 사는 세상의 소중함을 깨닫고, 자신이 살아낸 삶을 사랑하는 법을 배우는 거예요. 나에 대해 충분히 말한 후에야 자신에게 진정 필요한 것이 무엇인지 알 수 있어요. 습관을 만든다는 건 변하지 않는 무언가를 통해 변해가는 과정이죠. 일기보다 좋은 글쓰기 습관은 없어요. 중요한 일이 있을 때만 일기를 쓴다면 사소한 일상에서 특별함을 발견할 수 없게 돼요. 오늘을 위해 쓰세요. 자신을 위해 계속하세요.

트레이너 팁

일기가 책이 될 수 있을까요? <괜찮아 괜찮아지지 않아도>는 그때까지 쓴 일기에서 쓸 만한 글을 골라낸 데 불과해요. <그저 따뜻한 말 한마디> <깜빡하거나 반짝이거나>는 그날 떠오른 심상이나 주제에 대해 매일 꾸준히 적었을 뿐이에요. <홀로 살아갈 용기>는 여행하며 느낀 단상을 날마다 메모한 글에 불과해요. 다른 책도 마찬가지예요. 꾸준히 일기를 썼을 뿐이죠. 한 사람을 생각하며, 나에게 말을 걸며, 세상을 향해 고백하며 매일이요. 일기도 책이 될 수 있어요. 중요한 건 일기를 쓰더라도 누군가를 생각하며 써야 한다는 사실이죠. 모든 이야기는 일기와 편지 사이에 있어요. 끝까지 감추고 싶은 이야기와 말하고 싶어 미칠 것 같은 이야기 사이에 세상의 모든 글이 있어요. 자신만 아는 이야기를 누군가에게 고백하듯 쓸 때 멋진 글이 태어나죠.

스트레칭

나는 ○○○이다. 나는 ○○○하는 사람이다. 나는 ○○○○○을 갖고 있다. 나는 ○○○을 사랑하며 ○○○을 꿈꾼다. 빈칸을 채우고 글을 시작하세요.

트레이닝
Step 6

> 모두에게 말하면 누구도 듣지 않는다

누구에게 필요한 글인가요. 누가 좋아할 이야기인가요. 독자를 상정하지 않고 쓰는 건 주인공 없이 이야기를 시작하는 거예요. 독자가 누구인지에 따라 이야기가 달라져요. 독자가 구체화 되어야만 글에 통일성이 생겨요. 문장이 선명해지고 이야기는 생명력을 얻어요. 독자를 선택해야 책의 색깔을 결정할 수 있어요. 당신이 쓴 글을 어떤 사람이 읽기를 원하나요? 누구를 독자로 상정하고 쓸 건가요? 가족을 잃은 사람, 사랑에 빠진 사람, 육아에 지친 사람. 누구인가요. 모두에게 말하려 하면 아무도 관심 없을 이야기만 나와요. 작은 가게를 열 때도 고객층을 정하는 법이죠. 떡볶이 무한 리필 가게는 어르신들을 주 고객으로 상정하지 않아요. 어린아이들에게 마라탕을 팔려고 하지 않지요. 당신의 글을 읽을 사람은 누구인가요? 누가 당신의 글에 공감할까요? 누구에게 이야기하고 싶나요? 그 사람에게 어떤 말투로 이야기해야 할까요? 어떤 비유를 쓰는 게 나을까요?

예스24 홈페이지에 들어가 보세요. 에세이만 해도 여성 에세이, 여행 에세이, 연애 에세이, 사랑 에세이, 예술 에세이, 음식 에세이, 일기, 편지글, 자연 에세이, 포토 에세이, 휴먼 에세이, 그림 에세이, 감성 에세이, 가족 에세이, 나이 듦에 대하여, 독서 에세이, 동물 에세이, 명상 에세이, 치유 에세이, 삶의 자세와 지혜로 분류되어 있어요. 자기 계발 카테고리에 들어가면 처세술, 삶의 자세, 인간관계, 성공학, 경력 관리, 화술, 협상, 회의 진행, 기획, 정보, 시간 관리, 창조적 사고, 두뇌 계발, 여성을 위한 자기 계발, 취업, 유망직업, 성공스토리, 유학과 이민까지 다양해요. 카테고리를 선택하는 것도 전략이에요. 삼행시 하나를 써도 유머인지 멜로인지 공포인지 정해야 해요. 모두에게 하는 말은 누구에게도 전해지지 않아요. 한 사람에게 말하듯 쓰세요.

트레이너 팁 대상을 정하고 쓰기

세상 모두에게 외치지 마세요. 매일 쓰되 대상을 정해놓고 쓰세요. 친구, 남편, 자식, 상상 속 인물, 자신에게 쓰는 글이라도 상관없어요. 읽을 사람을 상정하고 쓰면 메시지가 잘 드러나요. 마흔이 된 누이에게, 사춘기에 접어든 조카에게, 성인이 된 자식에게, 세상을 떠난 엄마에게 글을 쓰세요. 편지를 쓰듯 자유롭게 쓰세요. 대화하듯 편안하게 말하세요.

글은 누군가가 읽어주는 순간 완성되지요. 누군가를 생각하며 써야 하는 이유예요. 한 사람을 생각하며 쓰세요. 나이나 성별, 상황을 특정해서 써야 해요. 소설에서 주인공에 대한 설명이 부족하면 이야기에 몰입하기 힘들죠. 익숙한 사람에게 이야기하듯 쓴 다음 낯선 누군가가 펼쳐 볼 이야기라 생각하며 고치면 돼요.

트레이너 팁 　나에게 카톡, 나에게 매일

카카오톡에 '나에게 쓰기' 채팅방을 만드세요. 채팅방을 상단에 고정하세요. 그날 본 풍경이나 있었던 일을 틈날 때마다 메모한 다음 컴퓨터나 노트에 옮겨 쓰세요.

트레이너 팁 　라이팅 트레이닝의 목적

자유 주제 글쓰기가 어려운 이유는 무엇을 써야 할지 모르기 때문이죠. 피아노 앞에 처음 앉은 사람에게 자신 있는 곡을 연주하라고 하면 식은땀만 나지요. 일단 뭐라도 쳐보는 거죠. 흑건 백건을 차례로 눌러보고 무슨 소리가 나는지 들어보는 거예요. 제멋대로 연주해보는 거예요. 피아노에 익숙해지는 게 먼저이듯 자신의 이야기에 귀를 기울이는 연습을 하는 거예요. 글을 쓴다는 건 나 자신의 이야기를 읽는 일이지요. 글을 쓰며 마음의 소리에 귀를 기울이는 거예요. 나 자신의 청중이 되어 주세요. 삶이 노래가 될 테니까요.

ⓦⓣ 카카오톡 프로필 문구를 제목으로 삼으세요.

프로필 사진은 언제 어디서 찍었나요. 사진을 고른 이유는 무엇인가요. 프로필 배경 사진은 무엇인가요. 프로필에 배경 음악이 있다면 노래를 걸어놓은 이유는 무엇인가요. 당신은 언제나 당신을 표현하고 싶어 했어요. 항상 당신을 표현하고 있었어요. 그것을 글로 옮기기만 하면 돼요.

트레이닝
Step 7

> ## 짧고, 쉬운 문장으로, 계속해서

글쓰기 책에서 공통적으로 말하는 부분이 있어요. '가능한 많이, 무조건 꾸준히 쓰라.' 무조건 쓰라는 건 상황을 핑계 대지 말고 쓰라는 거예요. 오늘 몸이 아파서, 일이 너무 바빠서, 날씨가 좋지 않아서, 어제 잠을 설쳐서, 손님이 오는 날이라, 중요한 미팅이 있어서, 결혼식에 가야 해서. 핑계거리는 차고 넘쳐요. 하지만 핑계도 글이 될 수 있어요. 몸이 피곤한 이유를 쓸 수 있어요. 바빴던 일과를 정리해서 쓸 수 있어요. 당신이 좋아하는 날씨에 대해서 쓸 수 있어요. 어제 잠을 설치게 만든 원인을 쓸 수 있어요. 오늘 맞이한 손님이 어떤 사람인지에 대해서, 미팅 자리에서 느낀 감정과 당신의 업무에 대해서 쓸 수 있어요. 장례식에 갔다면 장례식장의 풍경과 그의 생애, 그에 대해 느끼는 감정을 쓸 수 있어요. 인생에 대한 이야기를 덧붙일 수도 있겠네요. 결혼식장에서 신랑의 표정이나 신부의 얼굴은 어땠는지, 혼주들 몸가짐은 어떠했는지, 예식 중에 있었던 에피소드는 무엇인지 글로 옮길 수 있어요. 보고 듣고 느끼고 경험한 모든 것을 글로 번역하세요. 꾸준히 쓴다는 건 자기가 쓰는 글을 평가하지 않고 그저 나아간다는 말이에요. 좋은 글인지 나쁜 글인지, 문법이 어떻고 문장이 어떤지 그런 건 상관없어요. 스토리텔링이란 말 자주 하죠. 스토리는 이미 갖고 있잖아요. 짧아도 수십 년 치 인생 이야기, 수십 년간 겪은 경험들, 사랑과 이별, 실패와 좌절. 이야깃거리는 넘치죠. 그러니 '텔링'만 하면 되는 거예요. 자신을 말하는 방법만 배우면 돼요. 나를 말하는 일에 익숙해지세요. 마음을 다해 쓴 글은 모두 특별해요. 나아지지 않으면 어쩌지 고민할 시간에 쓰세요. 문장이 나아가는 길이 작가가 걷는 길이에요. 오늘 글을 썼다면 당신은 작가에요.

(W)(f) **눈을 감고 지금 가고 싶은 장소를 상상해 보세요. 지금 당장 하고 싶은 일이 무엇인지 써보세요.**

나는 지금 ○○○ 에 가고 싶다.

나는 ○○○을 꿈꾼다. 로 글을 시작해 보세요.

트레이닝
Step 8

| 제목은 구조 신호다 |

　　제목은 마지막까지 고민해야 할 첫 마디죠. 어떤 내용인지 명확하게 말하고 있어야 하죠. 독자에게 간절히 전하고 싶은 이야기가 무엇인지 보여야 해요. 제목을 단순한 이름 짓기로 생각하지 마세요. 제목만으로 호기심을 자극해야 해요. 적어도 한 번 살펴볼 마음이 들게 만들어야 해요. 당신이 가진 건 제목이 전부라고 생각하세요. 서점에 진열된 무수한 신간 중에서 당신의 책을 집어 들게 만들어야 해요. SNS에 찍어 올려도 근사해 보일 제목을 지으세요. 지하철이나 카페에서 펼칠 만한 멋진 제목을 떠올리세요. 내용만 충실하면 된다고 착각해서는 안 돼요. 제목은 당신 책에서 최고의 문장이어야 해요. 베스트셀러 목록을 예의 주시하세요. 독자들이 무엇에 관심이 있는지. 어떤 제목의 책을 선호하는지 분석해보세요.

　　제목 짓기가 쉽지 않다면 일단 쓰세요. 써가면서 주제

34

를 잡으면 돼요. 제목을 정하지 못했다고 쓰지 않고 고민만 하는 것보다 훨씬 나으니까요. 마음에 쏙 드는 제목이 떠오르지 않는다면 본문을 정독해보세요. 문장을 따라가다 보면 머리를 탁 치는 제목이 생각나는 경우가 많아요. 책을 읽으며 핵심 키워드라 생각되는 단어를 메모한 뒤 조합해 보세요. 제목은 물론 장제목도 뽑을 수 있어요. 제목을 지으려 뽑아둔 문장은 책 뒷면에 들어갈 문구가 될 수도 있어요. 단한 문장이, 때로는 한 단어가 여태껏 공들여 쓰고 다듬은 원고의 상품명이 되고 카피가 돼요. 수많은 책 사이에서 독자의 시선을 끄는 한 문장이어야 해요. 제목에 목숨을 거세요. 책의 운명은 제목이 결정한다고 생각하세요. 태어날 아이의 이름을 정하듯 원고에 이름을 지어주세요.

글쓰기 책들의 제목을 살펴볼까요. <소설 쓰기의 모든 것>은 누가 봐도 '소설' 쓰기에 관한 책이죠. 주 독자층이 시나 에세이를 쓰려는 사람은 아닐 테죠. 반면 <에세이 만드는 법>은 소설을 쓰려는 사람에게는 별 필요가 없을 거예요. <책 잘 만드는 책>은 출판 제작을 하는 사람들에게 필요한 책이라는 걸 알 수 있지요. <엄마의 글쓰기> <우리 아이 글쓰기> <번역자를 위한 우리말 공부>는 '누가' 읽을 것인가'를 강조한 제목인 반면, <출판사 에디터가 알려주는 책 쓰

기 기술> <유시민의 글쓰기 특강>은 '누가' 썼는지를 포인
트로 잡은 거예요. <책 쓰자면 맞춤법> <내 문장이 그렇게
이상한 가요>는 '어떤 내용'인지를 드러내는 제목이죠. 정여
울 작가가 쓴 <끝까지 쓰는 용기>는 글을 쓰려는, 쓰고 있
는 사람의 '감성'을 자극하는 제목이고요. 제목은 책의 정체
성을 드러내야 해요. 누가 썼는지, 누구에게 썼는지, 무엇에
관해 썼는지, 무엇을 말하고 싶은지가 선명하게 표현되어야
해요. 모든 것을 염두에 두고 제목을 결정하세요. 제목에 확
신이 서도 출판사 쪽에서 권하는 제목을 무조건 거부하지는
마세요. 그들은 책이라는 상품을 기획하고 제작하고 판매하
는 데 선수들이니까요. 백만 부가 넘게 팔린 소설 <칼의 노
래>의 원제가 <광화문 그 사내>였다는 건 유명하죠. 전문가
들의 의견을 적극적으로 수용하세요. 그들이 제안한 제목을
변주해 새로운 제목을 만들어 보세요. <미움받을 용기> <82
년생 김지영> <죽고 싶지만 떡볶이는 먹고 싶어> <하마터
면 열심히 살 뻔했다> <죽음의 수용소에서> 한 번쯤 들어봤
을 책 제목들은 한 번쯤 돌아보게 만들 문장임을 기억하세
요. 제목은 궁금하게 하고 공감하게 만들어야 해요. 제목은
당신 책을 표현하는 단 한 줄이에요. 당신이 쓸 수 있는 가장
완벽한 문장, 당신이 상상할 수 있는 최고의 것이어야 해요.
눈에 확 들어오는 제목, 마음을 울리는 제목, 한 번쯤 집어

들고 싶어지는 제목, 입에 착 감기는 제목을 지으세요. 죽기 전 할 수 있는 단 한마디라고 생각하세요.

　제목이 본문보다 중요하다고 말하면 반감을 느끼는 분들이 있더군요. 독자 입장에서 생각해 볼까요. TV에 나오는 유명인의 책, 배너와 광고로 무장한 베스트셀러를 지나 겨우 신간 매대에 도착했어요. 수십 권의 책을 몽땅 살펴볼까요? 표지나 제목을 보고 끌리는 몇 권 정도를 들춰보겠죠. 프롤로그나 목차를 훑어보고 마음에 드는 책을 고를 거예요. '한 번 들춰보게 만드는' 걸로 충분해요. 짧게는 한 달, 길어야 세 달이면 신간으로서의 수명은 끝나요. 오랜 시간 공들인 나의 책에게 선택받을 기회를 주어야죠. 제목은 독자를 당신의 세계로 유혹하는 한 문장이에요. 제목 한 줄에 당신 책의 모든 것을 넣어야 해요. 제목 한 줄도 제대로 쓰지 못하면서 본문의 내용을 자신할 수 있을까요. 말도 안 되는 제목을 쓰라는 게 아니에요. 당신의 말을 듣게 만들 한 줄을 써야만 해요. 쓰는 순간 이야기는 태어나지만 책은 읽혀야만 살아남아요. 제목은 구조 신호예요. 수백 권의 신간 사이, 수만 권의 책들 사이로 쏘아 올리는 조명탄이에요. 한때 당신의 전부였던, 영원히 당신의 일부로 남을, 책이에요. 무인도에 떨어져 죽게 생겼는데 언젠가 구해주겠지 하고 기다리지 않잖아요. 온 힘을 다해 깃발을 흔들고, 불을 피워 연기를 내고, 돌을 쌓아 SOS 표식을 만들겠죠. 생각날 때마다 제목을 메모해 두세요. 탈락한 후보도 꼭지 제목으로 쓰거나 새로운 글감으로 삼을 수 있어요. 제목 후보 리스트를 보며 책의 방향을 가다듬을 수 있어요. 끝까지 고민하고 생각하세요. 구조 신호를 멈추지 마세요.

트레이너 팁

그래도 제목 짓기가 어렵다면 그래도 세상엔 ○○○이 있으니까. 나는 ○○○입니다. 오늘도 ○○○을 합니다. 나는 ○○○ 하기로 결심했다. 아무튼, ○○○ 빈칸을 채우고 시작하세요. 나아가다 보면 진짜 제목이 떠오를 테니까요.

Ⓦ① **당신의 인생을 한 줄로 표현해 보세요.**

한 줄을 제목으로 삼고 글을 시작해 보세요.

트레이닝
Step 9

> ## 뮤즈는 발신번호를 남기지 않는다

영감은 발신번호 표시제한으로 걸려 오지요. 당장 전화를 받지 않으면 누가 무슨 말을 하려 했는지 영원히 알 수 없을 거예요. 스팸 전화나 잘못 걸린 전화일 수도 있어요. 하지만 연락이 끊긴 가족이나 오래 그리워한 연인이라면 어떻게 할 건가요? 떠오른 문장을 당장 적으세요. 뮤즈가 걸어온 전화일지도 몰라요. 영감이라 하면 거창하게 들리지만 결국 글감을 얻는 과정에 불과해요. 글감은 세상 모든 곳에 있어요. 이것저것 시도해 보는 수밖에 없어요. 말 한마디가 영감으로 이끌기도 하고 아침에 본 뭉게구름에 글감이 떠오르기도 해요. 온몸으로 세상을 느끼세요. 내면의 목소리에 귀를 기울이고 발걸음마다 풍경을 담으세요. 며칠 동안 아무 목소리도 듣지 못했다고 절망하지 마세요. 그런 때도 있는 법이니까요. 영감을 느끼는 순간은 반드시 와요. '순간'이 찾아오면 오롯이 집중하세요. 순간에 집중하는 것보다 중요한 일은 없어요. '영감'은 오직 그때에만 존재할 뿐 아무리 오랜 시간 붙잡으려 노력해도 소용없어요. 흘러간 강물을 되돌리는 일은 불가능해요. 목소리를 옮겨 적는 일 말고는 하지 마세요. 받아쓰기를 하는 아이처럼 귀를 기울이세요. 그러다 보면 조금씩 글감을 붙잡는 감각이 단련될 거예요.

Ⓦⓣ 지금껏 읽은 '슬럼프를 겪는 작가들의 이야기'만 모아도 책장 하나는 채울 거예요. 당신이 지금껏 글을 쓰지 못한 이유를 써보세요. 글쓰기를 지속하지 못한 자신을 변호해 보세요. 글쓰기를 결심한 계기를 써보세요. 글쓰기로 이루고 싶은 당신의 꿈과 계획을 적어 보세요. '쓸 수 없는 이유'나 '쓰지 못한 핑계'도 소재가 될 수 있음을 기억하세요.

트레이닝
Step 10

> 글쓰기 공모자 되어 버리기

얼마 전 식품 회사에서 푸드 에세이를 공모한다는 소식을 보고 몇몇 분에게 알렸어요. 한 분에게는 병을 이겨낸 유기농 식단에 관한 글을 써보라고 했고, 한 분에게는 다이어트 식단에 대해 써보라고 했어요. 다른 분에게는 비거니즘에 대해 써보라고 권했어요. 나에게는 특별한 글감이 없다고요? 다들 음식에 관한 추억 하나쯤은 있잖아요. 아이를 낳고 기르며 바뀐 식생활, 배달 음식에 얽힌 사연, 어릴 때 먹었던 추억의 음식, 기념일마다 가는 레스토랑에 대한 이야기. 쓸 거리는 넘쳐요. 세상에 존재하는 음식 종류만큼 이야기가 있어요. 당신이 먹은 음식 하나마다 이야기가 있어요. 대부분의 사람은 자신이 속한 세계에 익숙하기에, 자신이 살아가는 세상이 다른 사람에게는 낯설고 멋진 이야기라는 걸 상상하지 못하더군요.

각종 공모전에 도전하세요. 우선 슬로건이나 네이밍 공

모전에 도전해 보세요. 슬로건은 15~30자 사이에 함축적인 내용을 넣어야 하기에 문장을 배우기에 좋아요. 네이밍 역시 기관의 특성, 캠페인의 성격, 제품의 특징을 몇 글자로 나타내기에 도움이 돼요. 모호한 생각을 짧은 문장 속에 집어넣는 훈련을 계속하세요. 검색창에 슬로건 공모, 네이밍 공모, 글판 공모, 공모전을 입력해 보세요. 좋은 생각 수필 모집, 인권 에세이 공모, 해양 문학 공모, 범죄피해자 슬로건 공모, 아산문학상 공모, 우하수필문학상 공모, 심훈 소설상 공모, 어린이 교통안전 슬로건 공모, 지하철 스크린도어 시공모, 광화문 글판 공모, 생명 글판 공모. 잠시만 찾아봐도 얼마든지 나와요. 매년 11월 말에서 12월 초에는 신문사나 문예지에서 신춘문예를 공모해요.

활자로 된 모든 건 공부가 돼요. 단어를 다루는 모든 순간이 훈련이에요. 누군가는 실패라 말하겠지만 도전한 사람은 성장을 실감할 수 있어요. 한 달에 한 번은 슬로건, 네이밍 공모전에 참여하세요. 계절마다 글판에 도전하세요. 광화문 글판 말고도 지역이나 단체에서 공모하는 글판이 많아요. 각종 백일장은 물론 문학상에 도전하세요. 김유정 문학상, 해양 문학상, 문학동네 신인상, 창비 신인문학상 등등 찾아보면 얼마든지 나와요. 목표를 갖고 글을 쓰는 연습을 하세요.

ⓦⓣ 당신이 목격한 첫 번째 죽음에 대해 쓰세요.

반려동물의 죽음, 우연히 마주한 사고, 가족의 죽음. 어떤 것이라도 괜찮아요. 지금까지 겪은 죽음을 나열하고 각각의 죽음이 당신에게 어떤 영향을 끼쳤는지 쓰세요. 죽음에 대한 당신의 생각을 쓰세요. 당신이 꿈꾸는 죽음이 어떤 모습인지, 죽기 전에 하고 싶은 일이 무엇인지 쓰세요. 왜 그러한 죽음을 원하는지 쓰세요. 사건의 현장으로부터, 장례식장 입구에서, 납골당 앞에서 이야기를 시작해 보세요.

트레이닝
Step 11

몸에 좋은 약은 "쓰다"

우리는 타인의 이야기를 책으로 읽고, 드라마로 보고, 예능으로 관찰하고, 라디오 사연을 듣고 유튜브로 재생하지요. 웃고 울긴 해도 견딜 수 없이 슬프거나 화가 나는 경우는 드물어요. 왜 그럴까요. 인생을 이야기라는 매개체로 전환해 받아들인 까닭이지요. 글쓰기는 삶을 이야기로 받아들이게 해줘요. 인생을 '그저' 이야기로 납득하게 해요. 자신의 삶을 객관적으로 바라보는 일이 가능해져요. 글쓰기는 삶을 '이야기'로 전환하는 과정이죠. 세상에 영원한 것은 없어요. 죽고 못 살 것 같던 연인은 차갑게 돌아서고, 영원을 맹세한 배우자가 남보다 못 한 사람이 되고, 계속될 줄 알았던 젊음은 어느새 저 멀리에 있어요. 아이들은 자라 제 갈 길을 가지요. 인생을 이야기로 전환하면 지금껏 살아온 날 중에 오롯하지 않은 순간도 없었음을 깨닫게 되죠. 삶은 돌이킬 수 없어요. 서투른 첫사랑을 돌이킬 수 없고, 지난날 저지른 잘못을 없앨 방법도 없어요. 하늘로 떠나버린 부모님을 다시 불러올 수 없고, 상처를 준 사람에게 용서를 빌 방법도 없어요. 하지만 삶을 이야기로 전환하면 달라져요. 돌이켜야 할 헛된 날도 없었음을 깨닫게 되죠. 뜻대로 된 일은 많지 않으나 마음을 다하지 않은 순간은 없었지요. 영원하면 귀한 줄 모르고 돌이킬 수 있다면 훼손하고 말겠죠. 만사가 뜻대로 이루어지면 감사할 일도 특별한 순간도 없을 테지요. 이야기를 쓰면 알게 돼요. 삶이 한 번뿐인 여행임을 깨닫게 돼요. 각자의 삶이 하나뿐인 이야기임을 알게 돼요. 지금까지 겪은 모든 일이 당신의 서사를 위해 반드시 필요했던 장면이었어요. 지금까지 걸어온 모든 순간이 반드시 쓰여야만 했던 문장이었어요. 치유의 힘은 자신에게서 비롯되어 타인과 세상으로 확장해요. 저 사람에게도 내가 모르는 이야기가 있겠지. 저 행동에도 무슨 이유가 있을 테지. 저들에게도 나름의 정의가 있겠지. 그러나 반드시 '읽어야' 할 필요는 없지. 저들은 저대로. 나는 나대로. 세상을 함께 살아가는 것으로 충분하다는 사실을 알게 되죠. 삶이 이야기임을 깨달으면 더 이상 두려울 것이 없어요. 자신에게 일어나는 모든 일에 이유가 있음을 알고 있으니까요. 모든 장면에 의미가 깃들 때가 올 것을 깨달았으니까요. 그러니 글을 쓰기로 했으면 무조건 의자에 앉으세요. '이것도 글이라고' 그렇게라도 쓰세요. 오늘 먹은 저녁 메뉴라도 쓰세요. 계획표 따위 짜지 말고 그저 쓰세요. 버려진 강아지 한 마리를 데려온다고 세상이 바뀌지 않지만, 강아지의 세상은 바뀐다는 말이 있죠. 평생 글을 써도 세상이 알아주지 않을지 몰라요. 그래도 당신의 세상은 바뀌어요. 글을 쓰는 사람은 삶을 자신을 위해 쓰는 법을 알고 있으니까요.

ⓦⓣ 당신에게 의미 있었던 탄생에 대해 쓰세요.

아이가 있다면 임신부터 출산까지의 과정에 대해 써보세요. 조카가 태어난 순간, 반려동물이 새끼를 낳던 밤, 화분에서 꽃이 핀 순간, 애벌레가 고치를 뚫고 나오는 과정. 가슴을 울린 탄생에 대해 이야기해 보세요. 탄생이 당신에게 어떤 의미였는지 쓰세요. 태어난 존재가 당신 삶을 어떻게 바꿨는지 서술해 보세요.

트레이닝
Step 12

글쓰기로 자유로워지기

글쓰기가 몸에 익으면 말보다 자유로워요. 일단 성별에서 자유롭죠. 시집을 냈을 때 저를 이십 대 여자라고 생각한 독자분이 있었어요. 원고만 보고 여성 작가인 줄 알고 전화한 출판사 대표도 몇 분 있었죠. 문장만 보고는 알기 어려운 거죠. 필명까지 쓴다면 아무도 알 수 없을 테죠. 공간에서도 자유로워요. 글만 보고 어느 지역 사람인지 맞출 수 없을 거예요. 말할 때는 사투리를 쓰지만 글을 쓸 때는 나비처럼 자유로워지죠. 유명한 작가들의 책은 여러 나라의 언어로 번역되어 국경을 넘죠. 시간에서도 자유롭죠. 그때 느꼈던 기분, 풍경, 감정들을 고스란히 간직하게 돼요. 그뿐만이 아니죠. 나를 마음껏 드러낼 수 있어요. 가까운 사람에게도 드러낼 수 없는 욕망, 누구에게도 말할 수 없었던 분노, 마음 깊은 곳에 숨겨둔 아픔까지 쓸 수 있죠. 누군가를 염두에 두고 인물을 만들어 상처 입혀도 되죠. 글을 쓰는 일은 누구도 해치지 않으면서 자신만의 세상을 만드는 일이죠. 글을 쓰는 동

안은 자유로워요. 이야기 안에서만큼은 세상의 주인이 될 수
있죠. 글이 가진 힘이에요. 사람들을 신경 쓰기 시작하면 아
무것도 쓸 수 없어요. 어떤 소재를 다루건 싫어하는 사람은
있기 마련이죠. 모두의 마음에 드는 글은 존재하지 않아요.
그냥 당신의 이야기를 쓰세요. 글쓰기는 세상을 나의 언어로
번역하는 일이죠. 책상에 앉는 순간 규칙은 없는 거예요. 진
심을 다하는 것으로 충분해요.

ⓦⓣ **유서를 쓰세요.**

쉽지 않겠지만 용기를 내어 솔직하게 쓰세요. 죽음에 비춰 생을 들
여다보세요. 언젠가 올 일이잖아요. 죽음을 대비하기 위해 쓰는 게
아니라 제대로 살기 위해 쓰는 거예요. 유서에 들어있는 이야기가
당신이 써야 할 글이에요. 유서에 적힌 이름들이 당신이 써야 할 소
재에요. 유서라는 말에는 한 글자가 생략되어 있어요. 다스릴 치
(治), 유서를 씀으로써 우리는 영혼을 치유할 힘과 삶을 바로잡을
수 있는 기회를 얻어요. 죽음을 준비하려 쓰는 게 아니에요. 새로운
삶을 시작하기 위해 쓰는 거죠. 이를테면 글을 쓰는 삶, 작가로서의
삶 같은 것 말이죠.

트레이닝
Step 13

여행기는 치트키(cheat key)

여행을 떠나기 전의 상황은 배경이 되죠. 출발하는 과정부터, 이동하는 경로, 여행지에서 마주친 사람들, 낯선 장소에서 겪은 일까지 서사가 되죠. 행동과 대화, 풍경이나 묘사까지 쓸 거리는 넘쳐나죠. 이런 상황에서 떠나기로 했다(기), 이런 일이 있었고 이런 풍경이 펼쳐졌다(승), 여행지에서 이러한 일들이 있었다(전), 돌아오는 길 이러한 느낌이 들었다(결). 완벽한 서사 구조를 지니고 있죠. 소설 구조도 크게 다르지 않아요. 평화로운 일상을 누리던 주인공에게 시련이 발생하고, 사건에 휘말리면서 여행이 시작되지요. 유럽에 가거나 오지로 들어가야 여행기를 쓸 수 있는 건 아니에요. 일주일의 여행만으로도 책 한 권을 쓸 수 있어요. 1박 2일이건 당일치기건 모든 여정을 기록해 두세요. 당장 떠나기가 곤란하다면 예전에 떠났던 여행을 떠올려 글을 써보세요. 상상 속에서 자신을 여행 보내세요. 이태리에서 소매치기를 당하게 만들고, 파리에서 로맨스를 시작하게 하고, 아프리카에서 인생의 지혜를 깨닫게 만들어 보세요. 만약 여행 에세이를 쓴다면 당신만의 여행이 무엇일지 생각해 보세요.

Ⓦⓣ 헤밍웨이는 불변하는 건 지역의 이름뿐이라고 했지요.
당신이 살고 있는 지역의 역사에 대해 써보세요.
유명한 인물이나 장소에 대해 쓰세요. 이름난 장소나 먹거리의 유래에 대해 쓰세요. 당신이 이곳에 자리 잡은 이유를 쓰세요. 이곳에서만 가능한 경험에 대해 쓰세요. 지역 특유의 분위기를 설명하고 당신에게 어떤 영향을 끼쳤는지 쓰세요. 타지에서 온 친구에게 지역을 소개하고 하루 동안 가이드를 해준다고 생각하고 써보세요. 내용을 보강하기 위해 걷거나 버스를 타고 지역을 돌아보세요. 그리운 골목길이나 다녔던 학교, 아직 가보지 않았던 장소에 가서 디테일을 보강하세요. 당신이 처음 이곳을 찾은 여행객이라 생각하고 탐욕스럽게 풍경을 묘사해 보세요.

트레이닝
Step 14

이름 부를 꽃이 피었다

'들판에 이름 모를 꽃이 피었다.' 고 쓰지 마세요. 독자는 어떤 꽃이 피었는지 몰라요. 무슨 계절인지 알 수 없어요. 다가가서 꽃의 사진을 찍으세요. 꽃의 이름을 검색하세요. 꽃의 생김새를 묘사해 보세요. 꽃말이 무엇인지 찾아보세요. 꽃이 하는 말을 들어보세요. 꽃에게 하고 싶은 말을 생각해 보세요. 그곳에 간 과정을 적고 그곳에서 느낀 것들을 쓰세요. 글 쓰는 사람은 이름을 알아내야 해요. 작가는 이름을 부르는 사람이어야 해요. '어느 겨울이었다.'고 쓰지 마세요. 아버지가 하늘나라로 간 겨울을 쓰세요. 사랑하는 사람과 헤어진 겨울을 말하세요. 열일곱 되던 해의 겨울을 이야기하세요. '밥을 먹었다' 고 쓰지 말고 무슨 반찬을 먹었는지, 어디서 먹었는지, 무얼 하며 먹었는지, 누구와 어떤 분위기였는지. 지나칠 정도로 자세히 쓰세요. 최대한 디테일하게 써야 나중에 생략하더라도 문장이 충실해요.

가능한 자세하게 쓰는 습관을 들이세요. '누이가 바나나를 보냈다.'라고 쓰는 대신 '아침 일찍 병원에 가는 길 밤새 비가 왔는지 동백꽃이 반짝반짝 빛나고 있었다. 햇살은 따스했고 병원 대기실은 절뚝거리거나 기우뚱거리거나 더디 걷는 사람들로 가득했다. 웬만한 통증은 웃어넘기는 편이다. 서러워한다고 덜 아픈 건 아니니까. 올해의 절반은 절뚝거리면서 보냈다. 느린 걸음으로 겨우 걸으며 걷는 게 얼마나 근사한 일인지 느꼈다. 제대로 걷지 못해도 삶은 나아간다. 왜 이런 일이 일어났는지 원망하기보다 어떻게 다룰지 아는 아픔이라 다행이라고, 이것 또한 삶을 다채롭게 칠할 물감이라고, 내일을 걱정하기보다 지금 나를 신경 써 주기로 하자. 슬퍼하기보다 오늘을 기쁘게 만들 일을 하기로 하자. 보고 듣고 먹고 걷는 당연한 일상은 잃기 전에는 값을 매기지 못하는 보물이며 증명할 필요가 없는 기적이다. 끝이 오기 전에 진실을 깨달았으니 매일 새로운 날을 선물 받겠지. 오늘은 내일이 되면 평생 보지 못할, 내가 가진 유일한 것이다. 병원에서 스테로이드 주사를 맞고 약을 타고 돌아와 쓰러져 잠들었다. 오후 늦게 일어나니 누이가 보낸 바나나가 도착했다. 커다란 종이봉투에는 아무리 바빠도 밥은 꼭 챙겨 드세요. 그렇게 쓰여 있었다. 어머니가 보낸 문자도 쌓여 있었다. 해줄 게 없으니 마음만 아프다며 마음 단단히 먹고 방법을 찾아보자 하셨다. 내가 오래 살려면 네가 건강해야 한다고 하셨다. 누이에게 고맙다고 답을 하니 이번에 안 나으면 큰 병원에 꼭 가보자고 신신당부를 한다. 식탁에 앉아 복권을 긁듯 조심스레 바나나를 까서 한 입 넣는다. 초록빛 삶이 차오른다. 일주일에 한 번 마트에 가서 사 오던 바나나와는 전혀 다른 맛이었다. 오늘 바나나의 맛을 기억해야지. 삶이 힘겨울 때면 지금 먹는 바나나의 맛을 떠올려야지. (하략)' 이런 식으로 자세히 쓰는 거예요.

디테일에서 이야기가 시작되지요. 에세이 한 꼭지의 시작일 수도 있고 한 편의 시가 될 수도 있어요. 한 문장도 버리지 말고 모두 쓰세요. 문장이 강물처럼 흘러가도록 내버려 두세요. 어떤 문장이라도 당신의 바다를 이루게 될 테니까요. 사물을 제대로 보라는 말이 어렵게 느껴진다면 이렇게 해보세요. 먼저 사물을 있는 그대로의 모습대로 묘사해 보세요. 사물에게 하고 싶은 말을 쓰고 난 후에 사물이 말을 걸 때까지 기다려 보세요. 사물에 얽힌 사연과 이어 보세요. 이름 모를 꽃이 피었다고 쓰지 마세요. 이름 부를 꽃을 만났다고 생각하세요.

ⓦⓣ 죽도록 밉거나 꼴도 보기 싫은 사람이 있나요. 당신에게 상처를 준 사람의 이름을 적으세요. '나는 ◯◯◯을 미워한다.' 로 시작하는 글을 써보세요. 언제 어디서 무슨 일이 있었는지, 어떤 이유로 그를 미워하는지 자유롭게 쓰세요.

트레이닝
Step 15

필사적으로 필사하기

소설가 조정래는 "소설을 베껴 쓰는 것이 백 번 읽는 것
보다 낫다" 며 자식들에게 필사를 시켰다고 해요. 필사는 눈
으로 읽는 데 그치지 않아요. 손으로 읽고 입으로 읽어 몸
에 스며들게 하는 작업이죠. 책 전체를 필사하는 것보다 매
력적인 문장을 골라 쓰는 편이 나아요. 효율의 문제도 있지
만 좋은 문장을 골라내는 능력을 기르기 위해서예요. 필사
는 닮고 싶은 작가의 문장을 따라 쓰며 그의 스타일을 자신
에게 흡수시키는 과정이에요. 게다가 쓰는 행위 자체에 익
숙해지니 필사보다 좋은 글쓰기 훈련은 없어요. 독서 흐름
이 끊기는 것이 싫다면 휴대폰으로 사진을 찍어두세요. 책
을 읽은 후에 연습장에 옮겨 적으세요. 연습장 한 권을 채우
고 나면 소리 내어 읽으면서 노트북에 옮겨 쓰세요. 필사하
면 몰입할 수밖에 없어요. 몸이 저절로 작가의 리듬에 맞춰
져요. 필사하면서 제대로 쓰는 법을 익히게 되죠. 빨리 많은
분량을 소화하려 들지 마세요. 필사는 천천히 읽기니까요.

작가의 사유를 더듬으며 천천히 나아가세요. 한 줄을 옮기더라도 또박또박 정성을 다하세요. 필사는 정독, 발췌독, 낭독, 강독, 숙독, 요약까지 아우르는 최고의 독서법이죠. 글쓰기를 시작한 당신에게 필사는 '읽는 세상에서 쓰는 세계로 넘어가는 튼튼한 다리'가 되어 줄 거예요.

"내가 글 쓰는 생활을 서른일곱에 시작했다. 그 나이 때 작가 생활을 시작한 놈들이 백 명이라치면 지금 쓰는 놈은 나 하나뿐이야. 나는 어떻게 여기까지 왔느냐. 잘난 글 배우고 못난 글 버리고 진실하지 않은 문장들을 모조리 죽였다." "한 사람이 하나의 계절이 되어 생에 새겨지는 것도 멋진 일이 아니겠는가. 한 계절이 한 사람의 이름으로 기억되는 것보다 특별한 경험이 있을까. 우리의 계절은 끝났지만 우리는 봄을 공유한 채 각자의 계절을 살아가고 있다. 너는 이름만으로 완벽했던 단 하나의 문장이었고 이제는 시들지 않는 꽃이 되었다. 시인의 문장은 흐려지지 않고 빛나는 것은 사라지지 않아서 이제 너를 보듯 꽃을 본다." 하나는 영화 타짜에 나오는 대사를 패러디한 것이고 다른 하나는 나태주 시인의 시집 제목을 오마주한 거예요. 두고두고 회자되는 명대사에는 힘이 있어요. 시대를 넘어온 문장에는 생명이 깃들어 있어요. 필사한 문장을 패러디하고 오마주해 보세요. 필사한 글을 자신의 방식으로 변주해보세요. 문장의 호흡을 느껴보세요. 옮겨 쓴 문장에 깃든 반짝임을 헤아리고 음미해 보세요. 필사한 문장은 자신의 글이 될 수 없지만 필사를 통해 익힌 감각은 오롯이 당신의 것이 될 테니까요.

트레이너 팁 베스트셀러를 필사해 보세요.

상실, 자존감, 가족, 성공, 인간관계를 베스트셀러 작가들은 어떻게 풀어냈는지 흐름을 읽어보세요. 그들이 말하는 방식을 공부하고 그들이 말하는 주제를 분석해 보세요. 모방이나 표절을 하라는 말이 아니에요. 명작이라 불리는 책들이 시대를 넘어 읽히는 이유는 문장의 완성도 때문만은 아니죠. 책에 담긴 정서가 지금도 사람들에게 공감을 불러일으키기 때문이죠. 세상에 없었던 글은 없어요. 99퍼센트가 일치하더라도 거기에 자신이 경험하고 사유한 1퍼센트의 특별함을 집어넣으면 돼요.

ⓦⓣ "섬마다 꽃이 피었다."<김훈, 칼의 노래> "부끄럼 많은 생애를 보냈습니다." <인간 실격, 다자이 오사무> "최고의 시대이며, 최악의 시대였다." <두 도시 이야기, 찰스 디킨스> "행복한 가정은 모두 비슷해 보이지만, 불행한 가정은 저마다의 이유가 있다." <안나 카레리

나, 레프 톨스토이> 첫 문장만으로 떠오르는 작품들이 있지요. **당신이 사랑하는 책의 첫 문장으로 글을 시작해 보세요.** 첫 문장이 아니라도 좋아요. 당신이 아는 가장 멋진 문장을 적고 제목 삼아 글을 써보세요.

트레이닝
Step 16

> 글쓰기라는 세계

이야기는 누구에게나 깃들어 있어요. 저마다 가슴 속에 사랑 노래 하나쯤은 품고 있죠. 찬란했던 순간 하나 없는 삶도 없을 테지요. 당신의 모든 것이 소재가 되지요. 당신은 태어난 장소에 대해 쓸 수 있어요. 지역의 풍경과 특색, 지명의 유래, 지역에서 일어난 역사적 사건, 그곳에서 경험한 모든 걸 쓸 수 있어요. 당신이 여성이나 남성으로 겪은 기쁨이나 슬픔, 부당한 대우나 책임감, 차별과 고통에 대해 쓸 수 있어요. 당신이 겪은 모든 것에 대해 이야기할 수 있어요. 이야기는 거기서 끝이 아니죠.

만약 당신이 남자였다면 혹은 여자였다면 어땠을까요. 당신은 성별을 바꿀 수 있고, 태어난 장소를 바꿀 수 있고, 겪었던 일을 없었던 일로, 원했던 것을 실제 일어난 일로 만들 수 있어요. 글쓰기라는 세계에서 당신은 왕이 될 수 있고 유명모델이나 아랍 대부호의 삶을 살 수 있어요. 머릿속에 있을 때는 잡념에 불과했지만 글로 옮기면 창작이지요. 당신은 세계의 창조자가 될 수 있어요. 아무도 해치지 않고 새로운 세상을 만들 수 있어요. 과거나 미래로 갈 수 있고 현재를 재구성할 수 있어요. 당신이 사는 동네에 좀비를 등장시키면 재난물이 될 테고 연쇄살인범을 등장시키면 스릴러가 되겠지요. 뱀파이어가 되거나 형사가 될 수 있어요. 좋아하는 배우를 데리고 와 로맨스를 시작할 수 있어요. 당신이 쓰고 싶은 모든 걸 쓸 수 있어요. 당신이 꿈꾸던 모든 걸 쓸 수 있어요. 당신은 마법의 지팡이(펜)와 마법의 문(노트북)을 갖고 있죠. 세계의 근원은 당신의 상상력이죠. 이곳에서 당신은 전지전능한 존재에요. 새로운 차원의 문을 열 준비가 되셨나요. 모험을 시작할 준비가 되었나요. 내키는 대로 써보세요. 시도 쓰고 수필도 쓰고 소설도 써보세요. 이것저것 써보면서 어떤 형태의 글이 자신에게 적합한지 알아내는 거예요. 어떤 글을 쓸 때 기쁨을 느끼는지, 어떤 방식으로 쓸 때 자유로워지는지, 어떻게 표현하는 게 마음에 드는지 알아내세요.

자신에게 어떤 종목이 어울리는지 찾아보세요. 종목은 하나가 아닐 수도 있어요. 소설가도 에세이를 쓰고, 시인으로 살다 문장력을 길러 소설을 쓰는 작가도 있어요. 소설은 잘 쓰지만 시는 별로인 사람도, 시는 잘 쓰지만 소설은 엄두도 못 내는 사람도 있어요. 지금 종목을 정할 필요 없어요. 글쓰기 근육을 기르며 천천히 찾아도 괜찮아요. 체력을 길러 다른 종목에 도전하는 것도 즐거운 일일 테니까요.

트레이너 팁 꿈보다 좋은 소재는 없다.

악몽을 꾸면 뮤즈가 보낸 선물이라 여기세요. 글 쓰는 사람에게 꿈보다 좋은 소재는 없어요. 기묘하고 신비한 이야기를 선물 받은 거예요. 선물을 활용하지 않으면 손해지요. 잠재의식 속에는 지금까지 당신이 경험한 모든 것이 들어 있어요. 꿈은 사색으로는 닿을 수 없는 심연으로 들어갈 기회죠. 꿈은 명상으로도 가지 못할 먼 곳을 여행하는 일이죠. 잠재의식 속에서 길어 올린 소재를 글로 전환해 보세요. 지금까지 꾸었던 악몽을 떠올려 글로 써보세요. 기분 좋았던 꿈을 소재로 삼아보세요. 악몽을 꾼 이유를 생각하며 에세이를 쓸 수도 있고, 꿈의 감각을 떠올리며 시를 쓸 수도 있죠. 꿈 자체를 소재로 삼아 소설을 쓸 수도 있어요. 꿈은 잠재의식의 보물창고예요. 생각지도 못했던 장소에 가고, 마주칠 일 없는 사람을 만나고, 당신이 절대 하지 않을 행동을 하죠. 일주일이나 한 달 동안 꿈 일기를 써보세요. 가능한 자세히 묘사하세요. 다 쓴 다음 왜 그런 꿈을 꾸었는지 생각해 보고 꿈이 어떤 의미인지 해석해 보세요. 꿈을 바탕으로 짧은 소설이나 에세이를 써보세요.

ⓦⓣ 당신이 간절히 바랐던 꿈에 대해 쓰세요.

왜 이루지 못했는지 쓰고, 만약 소망이 이뤄졌다면 어떠한 삶을 살고 있을지 상상해 보세요. 상상한 삶에서 성취한 것들과 잃은 것들에 대해 써보세요.

트레이닝
Step 17

> 글을 쓰는 당신이 알아야 할 용어들

앞표지 제목, 저자 이름, 출판사 로고가 들어가요.

앞날개 저자 프로필, 작가의 말, 저자의 사진이 들어가요.

뒷날개 출판사에서 출간한 도서 소개 코너.

뒤표지 본문 핵심 문구, 추천사가 들어가요.

띠 지 독자의 눈을 사로잡을 카피, 저자 사진.

　　　　*프로필 사진은 가능한 일찍 찍어두는 게 좋아요.

ISBN 국제표준 도서 번호의 약자. 책의 주민등록번호

　　　　(International Standard Book Number)

판과 쇄 1쇄는 인쇄를 한 번 했다는 뜻이에요.

　　　　1판 2쇄면 똑같은 내용을 두 번째 인쇄

　　　　2판 1쇄라면 수정된 버전으로 다시 인쇄

　　　　2판 2쇄라면 수정된 버전을 두 번째 인쇄

　　　　인쇄 도수 - 1도 인쇄(먹 인쇄) : 한 가지 잉크를 사

　　　　　　　　　　　　　　　　　　　용해 표현

　　　　2도 인쇄 - 두 가지 잉크를 배합해 사용.

4도 인쇄 - 컬러 인쇄

*1도 인쇄라도 다양한 농도로 표시할 수 있어서 책으로 손색없고, 사진집이나 그림책이 아니라면 2도 인쇄로 충분해요.

글꼴과 판형

글꼴은 신명조, 돋움, 고딕, 명조, 바탕체를 많이들 사용해요. 글자 크기는 보통 한글 10pt로 (9~11pt 권장)써요. 글꼴을 개인적 용도로 사용하는 것은 문제없지만 상업적으로 사용하면 법적 분쟁에 휘말릴 수 있으니 주의하세요. 문화체육관광부 홈페이지에 가면 글꼴을 무료로 다운받을 수 있어요. 판형은 책을 인쇄하는 종이의 크기를 말하는데 국배판은 A4(210×297mm) 월간지나 패션 디자인 잡지에 사용되고, 국판은 A5(148×210mm) 교과서나 단행본, 문예잡지 등에 쓰여요. A6 국반판은(105×148) 문고판이나 단행본에 사용해요.

B4(257×374mm)는 생활정보지 사이즈라 생각하면 되고, B5 46배판은(188×257mm) 교과서나 참고 서류에 쓰여요. B6 46판은(128×188mm) 일반 서적 물에 두루 쓰이지만, 시집 사이즈라 생각해도 무방해요. 신국판은 규격 외 사이

즈지만 수필이나 소설 등에 많이 쓰여요. 저는 원고를 시작할 때 신국판으로 판형을 설정해놓고 써요. 실제 책의 크기로 인쇄를 해봐요. 출판사가 적합한 판형을 선택하지만 투고할 때도 그냥 A4로 보내는 것보단 책의 형태로 가독성을 높이는 편이 유리하겠지요. 한글 파일 상단 모양에 들어가서 편집 용지를(F7) 클릭해서 조정해 보세요.

ⓦ⬆ 10년 전의 당신에게 편지를 써보세요.

10년 전의 나에게 어떤 이야기를 해주고 싶나요. 바꾸고 싶은 순간이 있나요. 말리고 싶은 행동이 있나요. 그 순간부터 이야기를 시작해 보세요.

트레이닝
Step 18

진실을 드러내는 글쓰기

포장하지 마세요. 포장만 예쁘고 내용은 없는 글, 억지로 꾸며낸 글은 독자들도 알아봐요. 용기를 내어 자신을 드러내세요. 거짓말하고 숨길 거라면 글을 쓸 필요가 없죠. 본질은 진심이에요. 있는 그대로 내놓으세요. 진심은 꾸미지 않아도 전해져요. 진심이 느껴지면 계속 읽게 돼요. 계속 읽게 만드는 것보다 특별한 일은 없어요. 변명하지 않고 진심을 계속 써 내려가는 것보다 멋진 재능은 없어요. 머리를 써서 현란한 문장을 지어내도 사람을 현혹할 뿐이에요. 마음을 다한 글은 사라지지 않아요. 더하거나 빼지 말고 진실을 쓰세요. 문법은 쓰면서 배우면 돼요. 기교를 압도하는 힘은 진심에 있어요.

ⓦⓣ 5년 후의 당신에게 편지를 써보세요.

5년 후의 당신이 이루었을 일, 있었으면 하는 장소, 바라는 것에 대해 이야기해 보세요. 5년간 무슨 일이 있었는지, 어떻게 그곳에 가게 되었는지, 어떻게 바라는 것을 이루었는지 설명해 보세요.

트레이닝
Step 19

라이팅 블루

    글을 쓰다 보면 벽에 부딪히는 때가 와요. 시작할 때의 열정이 속만 태워요. 위대한 작가들의 문장을 보며 좌절하고, 유명한 작가들의 글을 보며 이 정도는 자신도 쓸 수 있다며 질투해요. 아무것도 쓸 수 없는 기분이 들 때도 있고, 기껏 쓴 문장이 한심해 보일 때도 있어요. 당신이 읽는 문장과 쓰고 있는 문장의 간격은 아득하기만 하죠. 절망은 원고를 쓴 후에도 찾아올 수 있어요. 수없이 고쳐 쓰면서 이 정도밖에 쓸 수 없는 걸까 좌절해요. 출판사 문을 아무리 두드려도 응답조차 없는 현실에 조금씩 마모되는 기분이에요. 어쩌면 당연한 일일지도요. 글쓰기에 진지하지 않다면 우울함을 느낄 이유도 없어요. 모든 걸 쏟아 부었기에 공허한 거예요. 사랑하는 사람이 당신을 아프게 하듯이 꿈도 때로 당신을 힘들게 해요. 한없이 짙은 블루, 그 또한 당신이 쓰는 글에 깊이를 더할 거예요. 열정도, 좌절도, 질투도 당신의 이야기를 다채로운 색으로 물들일 거예요. 그럼에도 당신은 써야 해요. 지금 느끼는 절망에 대해 써야 해요. 벽을 넘기 위해 어떤 일을 했는지, 어떤 감정을 느끼는지, 당신 마음을 활자로 번역하세요. 좋은 이야기는 억지로 만들어 낼 수 없어요. 당신 안에서 요동치는 마음이 글감이에요. 당신의 감정을 살피고 벗어나는 과정까지 소재로 삼으세요. 당신이 쓰지 않는다면 당신의 이야기를 쓸 사람은 아무도 없어요. 당신의 이야기는 반드시 말해져야만 해요. 한없이 깊은 우울의 감정까지도 소재로 삼으세요. 그럴듯한 글을 쓰지 말고 그러한 글을 쓰세요. 당신이 이야기해야만 하는 것을 쓰세요. 오늘의 우울감에 관해 쓰세요. 벽을 무너뜨려 길을 만드세요. 어떻게든, 어떤 문장이라도, 계속해서 쓰는 한 길이 될 거예요. 배설물 같은 문장이라도 당신 이야기의 거름이 될 거예요.

대단한 걸 써야지. 특별한 걸 써야지. 멋진 문장을 써야지. 생각하면 쓸 수 없어요. 진실한 문장을 쓰세요. 안테나를 세워 세상의 소리를 듣고 고요에 몸을 담그세요. 설거지를 하다가, 길을 걷다가, 밥을 먹거나 책을 읽다가도, 글감이 떠오르면 하던 일을 멈추고 옮겨 적으세요. 보잘것없는 문장 같아도 무조건 적으세요. 한 단어씩 이어가다 보면 한 문장이 되고, 한 챕터가 되고 원고가 돼요. 그렇게 한 권의 책이 만들어지는 거죠. 장면을 쌓아 이야기를 만드세요. 장면과 장면 사이에 열정을 끼워 넣으세요. 지난 후에는 서툴고 부족해 보이더라도 부끄러운 일이 아니죠. 당신이 성장했다는 증거니까요. 대단한 걸 쓰지 않아도 좋아요. 쓰는 것보다 특별한 일은 없어요. 사랑을 사랑으로 위로하듯 글쓰기는 글로 치유되죠. 스타일은 이미 당신 안에 있어요. 스타일은 오직 반복으로만 드러나요.

Ⓦ⬆ **지금껏 당신이 들었던 말 중에 가장 힘이 되었던 것은 무엇인가요?** 첫 줄로 삼아 글을 시작하세요. 누가 한 말인가요? 어떤 상황이었나요? 그 말을 듣고 당신은 어떤 감정을 느꼈나요? 그의 위로나 응원은 당신의 삶을 어떻게 바꿨나요?

트레이닝
Step 20

....
....
....
....

> 작가란 단어는 동사다

　책을 몇 권 냈지만 무슨 일을 하는지 물으면 난감해요. 직업 표시 칸에 무직이라고 표시한 적도 몇 번 있어요. 작가란 과연 어떤 사람일까요. 책이 많이 팔리면 작가일까요. 그렇다면 팔리지 않는 글이라도 치열하게 쓰는 사람들에 대한 모욕이겠죠. 문학상을 받아 등단하면 작가일까요. 일흔이 넘어 한글을 배워 쓰신 할머니의 시는 문학상을 받은 시보다 진실하지 않은 걸까요. 문학적으로 뛰어나지만 상업성이 없어 시집을 내주겠다는 출판사가 없다면 시인이 아닌 걸까요. 자비 출판으로 책을 내면 작가가 아닌 걸까요. 지금 걸작을 쓰고 있을 누군가는 지망생에 불과한 걸까요. 방송에 쓰일 멘트를 쓰거나, 작사를 하는 사람들은 책을 내지 않았으니 작가가 아닌 걸까요. 매일 글을 쓰더라도 책으로 출간하지 않았으니 아무것도 아닌 일이 되는 걸까요. 그렇진 않을 거예요.

호칭은 본질이 아니죠. 사람들은 책 한 권만 내도 작가라고 부르죠. 대단한 일이지만 과거완료형의 상태를 설명하는 말일 뿐이에요. 작가라 불리는 일은 '글을 쓴다.'는 현재진행형의 행위보다 우선하지 않아요. 작가는 글을 쓰는 순간에만 존재하는 '현상'이에요. 하루 종일 일하고 돌아와 지친 몸을 일으켜 한 줄이라도 쓴다면 그는 작가에요. 레이먼드 챈들러는 생각이 많아지면 창조는 줄어든다고 했지요. 작가가 무엇인지 고민할 시간에 한 줄을 쓰세요. 머릿속에 있는 생각을 언어의 형태로 끌어내세요.

Ⓦ⬆ **당신이 가장 오래 한 밥벌이에 대해 이야기해 보세요.**
언제 시작했는지, 일을 하게 된 계기는 무엇인지, 일하며 힘들었던 점은 무엇이며 보람을 느낀 때는 언제였는지, 일하며 얻은 것과 잃은 것은 무엇인가요. 일에서 배운 것이 있나요. 일을 그만둔 이유는 무엇인가요. 더 나아가 볼까요. 가장 짧게 근무했던 일은 무엇인가요. 당신이 처음 돈을 벌었던 일은 무엇인가요. 당신이 했던 가장 특이한 일은 무엇인가요. 그 일을 해보지 않은 사람은 모를 비밀을 털어놓으세요. 당신이 하고 싶은 일이 있나요. 그 직업을 선망하는 이유는 무엇인가요.

트레이닝
Step 21

글쓰기 체력 체크하기

자신이 하루에 얼마만큼 쓸 수 있는지 알고 있어야 해요. 기초체력이 없는데 열정만 넘쳐서 하루에 열 시간씩 쓰려고 계획했다가는 열정도 체력도 방전된 채 글쓰기를 놓아버리게 되죠. 무리하지 않는 선에서 자신이 쓸 수 있는 시간(분량)을 정하세요. 목표를 크게 잡지 마세요. 이제 막 여정을 시작한 거니까요. 전업 작가들도 하루 종일 원고에 매달리진 않아요. 하루에 원고지 5매 쓰기나 하루에 30분 쓰기도 좋아요. 무리를 하지 않되, 무슨 일이 있어도 약간 무리하면 쓸 수 있는 정도가 적당해요. 날짜를 정해놓고 몰아 쓰기보다 평일은 30분, 주말에는 2시간, 시간을 정해놓고 꾸준히 쓰는 편이 나아요. 약속한 시각만큼은 다른 일은 하지 말고 글쓰기에 집중하세요. 글쓰기 시간에 자료를 찾거나 책을 읽지 마세요. 글을 쓸 준비가 된 상태로 의자에 앉으세요. 가족과 함께 산다면 미리 이야기를 나누세요. 글쓰기가 자신에게 얼마나 중요한 일인지를 설명하세요. 생활에 치여 쓸 수 없다는 핑계 대신, 일상을 소재로 삼겠다고 마음먹으세요. 지하철에서 일어난 해프닝, 회사 사무실에서 있었던 언쟁, 집안에서 발생한 갈등도 소재예요. 드라마를 보다가 글감이 떠오르면 메모하세요. 책을 읽다가 괜찮은 문장이 나오면 메모하세요. 우리는 새로운 언어를 배우는 중이죠. 쓰지 않던 근육을 풀기 시작한 거예요. 언어를 배우는 지름길은 그 언어를 사용하는 환경에 있는 거지요.

글을 써야 할 상황에 자신을 몰아넣으세요. 하루 종일 메모를 하고 주제에 대해 생각하세요. 생각이 떠오를 때마다 기록하세요. 지금 쓰는 문장을 판단하지 마세요. 당신은 심판이 아니라 선수가 되어야 하죠. 당신은 편집자가 아닌 창작자가 되어야 하죠. 한 문장씩 나아가기만 하면 돼요. 진심을 다해 쓰면 기교는 알아서 따라와요. 글을 쓸 시간을 정했다면 그 순간만큼은 노트북을 켜고 생각하세요. 펜을 들고 사유하세요. 머리 대신 손으로 생각하세요. 생각해서 쓰는 게 아니에요. 쓰면서 생각하는 습관을 기르세요.

트레이너 팁 닭갈비 같은 글

일단 완성하긴 했는데 애매한 글이 있어요. 좋은 것도 아니지만 그렇다고 나쁘기만 한 글도 아니에요. 소재는 좋은데 매끄럽게 풀어내지 못한 경우가 대부분이지요. 에세이라면 제목과 괜찮은 문장만 따로 뽑아내 보관해 두세요. 시간이 흐른 뒤에 다시 쓰거나 다른 글에 사용하면 돼요. 시를 썼다면 마음에 드는 문장만 남겨 새로 써보세요. 소설이라면 별로인 부분은 지우고 괜찮은 장면을 도입부로 새로 쓰는 거예요.

ⓦ ⓕ 당신이 좋아하는 장소를 묘사해 보세요.

왜 그 장소가 특별한가요. 그 장소만의 매력은 무엇인가요. 어떨 때 그곳이 그리워지나요. 호텔, 공원, 단골 술집, 화장실 어디든 좋아요. 그곳에서 경험한 즐거움, 놀라움, 평화로움에 대해 쓰세요. 어떤 에피소드라도 좋아요. 지금 그 장소에 있다고 생각하고 써보세요. 그곳의 날씨, 그곳으로 가는 과정, 그곳에 있는 사람들과 물건에 대해 최대한 자세하게 써보세요.

트레이닝
Step 22

> ## 작가가 되고 싶다면

작가는 글을 쓰는 사람이죠. 글쓰기를 시작한 후로 하루도 빼먹은 적이 없어요. 아버지가 돌아가셨을 때도 글을 썼어요. 화장실에서 울며 메모를 했어요. 글쓰기가 삶을 이해하는 방식이며 감정을 받아들이는 방법이기 때문이죠. 글쓰기는 밥을 먹고 화장실에 가는 것처럼 자연스러운 일이어야 해요. 밥을 먹다가 기록하고 화장실에서도 메모하세요. 문득 뭔가 쓰고 싶어지면 노트북을 켜세요. 산책을 하면서 한 줄의 문장을 생각하세요. 당신이 쓴 단어가 한 자도 빠지지 않고 인쇄되는 일은 없을 거예요. 하지만 당신이 쓴 모든 단어가 이야기의 거름이 되죠. 지워진 단어들조차 이미 당신에 의해 '한 번 쓰였죠.' 당신이 경험하고 느끼고 생각한 것들이 당신에 의해 활자로 세상에 등장했죠. "아무리 발버둥을 쳐도 너 따위는 화가가 아니라고 내면의 목소리가 말할 때, 목소리를 잠재우는 방법은 오직 그림을 그리는 것뿐이었던." 빈센트 반 고흐처럼 그저 쓰는 수밖에 없어요. 글쓰기에서 가장 중요한 것은 꾸준히 쓰는 일이고, 그다음이 마음이 내키는 대로 쓰는 일이에요. 내키는 대로 쓴다는 말은 그냥 흘러가는 대로 흘러가란 말이죠. 이게 맞나? 더 좋은 문장을 쓸 방법은 없을까? '편집'하고 '판단'하지 말고 음악에 몸을 맡기듯 그저 손을 움직이세요. 잘 쓰려고 하면 아무것도 쓰지 못하게 돼요. 계속 쓰다 보면 알맞은 단어를 찾아내는 능력이 생겨요. 생각을 그대로 종이 위에 옮겨 적으세요. 편집은 퇴고할 때 얼마든지 할 수 있어요. 지금 떠오른 생각을 옮길 수 있는 기회는 지금밖에 없어요. 떠오른 문장을 그대로 옮기세요. 멈춰서 봤자 지금은 그보다 나은 글을 쓸 수 없다고 생각하세요. 며칠 혹은 몇 달 뒤의 당신이 더 나은 단어를 생각해 낼 거예요. 바이킹은 칼을 쥐고 죽지 않으면 발할라에 가지 못한다고 여겼어요. 뮤즈의 신전에 가고 싶다면, 작가가 되고 싶다면 지금 펜을 쥐어야 해요.

Ⓦ⬆ **유년 시절 갖고 싶었지만 소유하지 못한 물건이나 경험하지 못한 일에 대해 써보세요.**

시간을 내서 일기나 앨범을 꺼내 보세요. 당신이 지금까지 소유하고 경험하고 소망한 모든 것이 글쓰기를 위한 보물창고예요. 편지 한 장으로도 관계의 시작부터 절정, 갈등, 이별, 그리움까지 쓸 수 있어요. 한때 유행했지만 지금은 사용하지 않게 된 물건에는 그 시절의 추억이 들어있어요. 당신을 둘러싼 모든 것이 소재예요. 당신이 생각하는 모든 것이 이야기예요.

트레이닝
Step 23

즉흥적으로 쓰기

글쓰기를 하기 전에 일련의 의식을 진행하는 것도 도움이 돼요. 글쓰기 전에 샤워를 하거나, 향초를 피우거나 차를 끓이며 몸과 마음을 글을 쓸 상태로 '세팅'하는 거지요. 지금부터 작업을 시작한다고 뇌에 알리는 거예요. 글을 쓸 때 들을 플레이리스트를 정해 놓는 것도 방법이에요. 영감을 얻으려 클래식을 듣는 작가도 있지만 저는 반복 작업을 견디기 위해 클래식을 들어요. 언어적 간섭을 피하면서도 적당한 리듬감을 유지하는 노동요로써요. 빗방울 전주곡이 끝나고 쇼팽의 즉흥 환상곡이 흐르고 있어요. '즉흥'이란 단어로 즉흥적으로 써볼까요. <즉흥>이란 단어는 즐겁다. 소리 내어 말하면 콧노래를 부르는 기분이다. 반복해서 되뇌면 기차 소리처럼 힘찬 기운이 차오르는 느낌이다. 계획대로 되지 않은 인생이라도 애드리브로 얼마든지 헤쳐 나올 수 있었으니, 뜻대로 되지 않아도 마음먹은 대로 살아갈 수 있지 않을까. 즉흥은 지금 이 자리에 있는 기쁨을 온전히 맛보는 마음이 아닐까. 여기 있는 것을 느끼며 내키는 대로 살아가는 즐거움. '즉흥'이란 낱말에 깃든 힘이 삶을 환상적인 세계로 이끈다. 모든 게 끝났다고 생각할 때 열리는 세계가 있다. 끝이 새로운 시작이라면, 매 순간 끝을 각오하며 살아내는 삶은 다르지 않을까. 지금에 끝을 데려온다면 시작 역시 내 곁에 있을 테니까.> 백 번 고민해 한 줄 쓰는 것보다 열 줄을 쓰고 한 줄 남기는 편이 나아요. 한 번도 쏴 본 적 없는 총을 들고 전투에 나서지 않죠. 총소리에 익숙해지고 반동에 적응하는 게 먼저죠. 영점을 잡고 타깃을 맞추는 건 그다음이에요. 한 발 쏠 때마다 표적지를 확인하는 건 시간 낭비죠. 탄창에 든 총알을 몽땅 쏴버리세요. 신나게 쏘다 보면 몇 발이라도 맞추겠죠. 글을 쓰면서 생각하세요. 생각을 자유롭게 내버려 두세요. 일단 쓰고 다듬을 때 고민하면 돼요. 한 줄만 쓰고 말 건 아니니까요. 중요한 건 글을 쓰는 감각에 익숙해지는 거예요. 의식의 '흐름'을 따라가는 거예요. 필요한 건 마음 가는 대로 쓸 수 있다는 체감이죠. 스타트 자세가 멋지지 않다고 출발만 반복하면 결국 질려버릴 테지요. 달리면서 바람을 느끼세요. 달리기의 기쁨을 맛보세요. 자유로운 느낌을 맛보기 위해서라도 다시 뛰게 될 테죠. 어디로 가건 갈 수 있는 데까지 자신만의 리듬으로 나아가세요. 문장을 다듬기 위해 글쓰기를 멈추지 마세요. 달릴 때 표정을 보

려고 멈추지 마세요. 달리기에 집중하세요. 문장에 집착하
느라 이야기의 흐름을 놓치지 마세요.

(w)(t) **한때 좋아했지만, 지금은 경멸하거나 증오하게 된 사람에**
대해 쓰세요. 어떤 이유로 그렇게 됐는지, 어떤 사건이 있었는지 자
세하게 쓰세요. 다 쓴 다음 그 사람의 입장에서 사건을 재구성해보
세요. 시점이나 인칭을 몰라도 상관없지만 적어도 타인의 입장에서
바라보는 훈련은 필요하니까요.

트레이닝
Step 24

Turn your scar into a star

글쓰기는 내 안의 어둠을 모조리 쏟아낸 다음 그곳에서 별을 찾아내는 일이죠. 아픔을 쓰세요. 실종자를 찾는 전단지에는 흉터나 특이한 신체 사항이 기록되어 있지요. 키나 몸무게는 변하지만 흉터는 사라지지 않아요. 진정한 나를 찾을 때도 마찬가지예요. 상처를 보여야 어떤 사람인지 알 수 있지요. 흉터에 진실이 새겨져 있지요. 상처와 대면하세요. 그곳에서 출발하세요. 살아 숨 쉬는 문장을 쓰고 싶다면 차마 꺼내지 못한 말을 해야 해요. 무덤까지 갖고 가려던 이야기를 써야 해요. 아픔을 쓰지 않으면 아무리 잘 쓴 문장이라도 누구의 마음도 울리지 못해요. 숨기고 싶은 이야기를 써야 해요. 누군가의 명예를 더럽히거나, 누군가를 상처 입히지 않는다면 얼마든지 써도 돼요. (이름을 드러내지 않거나 상황을 바꾸어 쓸 수 있어요. 많은 작가가 그렇게 해요.) 글쓰기는 치유의 과정이죠. 당신이 하지 못했던 일과 이루지 못했던 꿈, 당신을 아프게 한 것들에 대해 이야기하

81

면서 상처와 대면하는 과정이지요. 지금 쓰기 어렵다면 '○○에 대해 언젠가 쓰겠다.' 메모해두세요. 몇 년쯤 후에 써도 늦지 않아요. 당신이 쓴 글은 당신이 아니라는 걸 기억하세요. 당신이 쓴 글은 '당신이었던' 것이지 지금의 당신이 아니에요. 당신이 쓴 글은 '당신을 이루는' 것이지 당신의 전부가 아니에요. 이야기는 나아가고 있어요. 과거의 망령은 당신을 해칠 수 없어요. 당신이 품고 있던 아픔을 세상으로 던져 버리는 거예요. 글의 질을 높일 방법은 양적으로 많이 쓰는 것뿐이에요. 어느 날 뮤즈가 찾아와 멋진 이야기를 읊어주는 일은 생기지 않아요. 설사 노래를 불러준다 해도 그건 당신의 이야기가 아니죠. 침묵 속으로 걸어 들어가 상처와 마주해야 해요. 무서운 건 공동묘지 이야기가 아니죠. 진짜 공포는 당신 침대 밑에 있어요. 당신이 해야 할 이야기는 저 너머가 아닌 당신 안에 있어요. 이야기는 당신 안에 있고 당신은 그것을 옮겨 적기만 하면 돼요. 내려놓으면 편해져요. 당신의 아픔을 종이에 내려놓으세요. 불행은 일상에서는 고통의 원인에 불과하지만 작가에게는 소중한 자산이에요. 남의 고통을 내 것인 양 쓸 수는 없으니까요. 타인의 상실에서는 날것의 생생함이 묻어나지 않으니까요. 아픔을 소재로 삼아야만 글쓰기가 성장해요. 아픔을 쓰는 훈련을 거듭할수록 현실의 나도 성장해요. 지금까지의 아픔을 인정하고 지

금의 고통을 존중하는 이에게 지금부터의 나를 결정할 힘
이 깃들어요.

글쓰기로 불행을 견디는 거예요. 글을 쓴다고 나쁜 일
이 일어나지 않는 건 아니에요. 하지만 어떤 일이라도 '소재'
로 삼을 수 있게 돼요. 좋지 않은 일이 생겨도 그것을 단지
소재로 삼을 수 있다는 건 큰 힘이 돼요. 절망에 몸부림칠 때
도, 슬픔에 무너질 것 같아도, 도저히 답을 찾을 수 없는 순
간도 이야기의 일부임을 알게 되지요. 지금은 이해할 수 없
어도 자신의 서사를 이루는 조각임을 느끼게 되죠. 고통에
도 분명 의미가 있고 결국에는 지나갈 것임을 알게 되지요.
이야기는 앞으로 나아가기 마련이니까요.

트레이너 팁 흉터에 진실이 깃든다.

상처를 드러내는 일이 쉽지 않다는 거 알아요. 그럼에도 아
픔을 이야기하라 말하는 이유는 이해하고 받아들이기 위해
서예요. 한때 전부였던 사랑이 나를 이루는 일부가 되듯이
아픔을 사랑할 수 있는 기억으로 전환하기 위해서예요. 그
저 아픔이었던 흉터를 반짝거리는 별로 만들기 위해서죠.

ⓦⓣ 당신에게 트라우마로 남은 사건을 쓰세요.

이야기하지 않으면 상처는 온전히 치유되지 않아요. 이야기한다는 건 치유의 시작을 뜻하니까요. 서두를 필요는 없어요. 미뤄도 좋아요. 하지만 당신이 써야 할 목록에서 지워서는 안 돼요. 당신의 상처를 꺼내지 않으면 그저 그런 글이 될 뿐이에요. 누구나 할 수 있는 뻔한 소리만 늘어놓게 될 거예요. 맹물을 아무리 정성스럽게 끓여도 맹탕일 뿐이지요. 당신이 겪은 아픔을 녹여내야만 글에 맛이 배어들어요. 불쑥 나타나 인생을 논하면 독자들이 공감할까요. 당신의 아픔을 들려주고 난 다음 하고 싶은 이야기를 시작하세요. 당신의 이야기는 당신의 상처 안에 깃들어 있어요. 당신을 울린 것만이 사람들의 마음을 울릴 수 있어요. 당신의 마음조차 흔들지 못하는 글로는 누구도 유혹할 수 없어요. 당신의 상처를 별로 만드세요. 이런 것까지 써야 하나 싶은 이야기. 그것만이 써야 할 이야기죠.

트레이닝
Step 25

가족은 건드는 게 맞다

　벌집을 건들지 않고 꿀을 얻을 수 없죠. 아픔을 각오해야 진실한 글을 쓸 수 있어요. 상처는 작가에게 더없이 소중한 자산이에요. 가족 이야기를 하세요. 아픈 추억을 꺼내세요. 낯 뜨거운 이야기를 써야 해요. 가족과의 갈등, 연인과의 이별, 당신의 흑역사를 끄집어내세요. 부끄럽다고 진실을 숨기고 이야기를 얼버무리지 마세요. 당신을 드러내세요. 잘 쓰지 못해도 괜찮아요. 찌질한 사연이라도 좋아요. 정말 수치스러운 건 진실을 외면하는 거예요. 작가는 진실과 마주하는 사람이에요. 자신의 현실이 시궁창이라 쓸 수 없다는 사람에게 말하고 싶어요. 연꽃은 진흙탕 위에서 피기에 그토록 아름다운 거라고요. 자신의 불행을 숨기려 하지 마세요. 추위를 이겨내고 핀 동백보다 눈부신 꽃은 없어요. 지금 당신의 꽃을 피워내세요.

ⓦⓣ 가족이 가장 힘들었던 시기에 대해 쓰세요.

빚, 폭력, 이혼, 죽음, 사고, 사건, 투병, 불화. 어떤 것이라도 좋아요. 아무 문제도 없는 가정은 없어요. 완벽해 보여도 저마다의 사연이 있기 마련이지요. 불행의 원인이 무엇이었으며, 어떻게 심각한 문제가 되었으며, 그로 인해 어떤 변화가 발생했는지, 어떻게 대응했는지, 그 시기 가족 구성원의 관계는 어땠으며, 지금은 어떻게 되었는지 쓰세요. 글을 쓰기 전에 가족 앨범을 뒤져보거나 부모님이나 형제, 배우자와 대화를 해보세요. 개인의 기억이 얼마나 불완전한지 알게 될 거예요. 같은 상황이라도 얼마나 다르게 해석될 수 있는지 놀라게 될 거예요. 다르게 기억하고 있거나 빠뜨린 부분을 보완하세요. 글을 쓴 후에도 조금씩 덧붙여 보세요.

트레이닝
Step 26

슬럼프에 빠졌을 때

　글이 항상 술술 써지면 얼마나 좋을까요. 머릿속을 쥐어짜도 아이디어가 떠오르지 않을 때가 있어요. 분명 괜찮은 아이디어인데 능숙하게 다룰 솜씨가 없어 속상할 때도 있어요. 일주일 동안 써낸 글이 쓰레기로 느껴질 때도 있어요. 그래도 자신을 다그치거나 나무라지 마세요. 노트북을 켜거나 펜을 쥐고 앉아 있는 것만으로도 위대한 일을 해내고 있는 거니까요. 하루 종일 시달리고 피곤함에 지친 몸을 책상 앞에 앉힐 만큼 강인한 정신력을 지닌 사람이니까요. 시간 낭비를 하고 있는 게 아니에요. 한 줄도 쓰지 못해도 괜찮아요. 당신의 꿈을 위해 시간을 내주었다는 사실이 중요하지요. 쓸모없어 보이는 시간에 의미가 깃들어요. 창작을 위해 투자한 시간은 헛되지 않아요. 일을 하려면 일터로 가야 하죠. 작가의 일터는 책상이지요. 매일 출근하는 것만으로도 칭찬할 만한 일이에요. 아무것도 떠오르지 않는다면 지금 글을 쓸 수 없는 이유를 쓰세요. 아이 울음소리가 방해

된다면 아이를 키우는 고충을 쓰세요. 설거지 거리가 쌓여 있다면 그릇에 담긴 사연을 쓰세요. 글이 써지지 않는 스트레스에 대해 쓰세요. 무엇이라도 좋아요. 사소한 이야기라도 괜찮아요. 사소한 이야기일수록 좋아요. 라면도 못 끓이는 사람이 갑자기 코스 요리를 만들어 낼 순 없는 법이니까요. 글쓰기 습관을 유지하는 것만으로도 충분해요. 핑계 대지 않고 책상 앞에 앉은 당신은 멋진 사람이에요. 미루지 않았으니 이룰 거예요. 핑계 대지 않았으니 해낸 거예요. 창작의 고통을 견뎌내며 작가의 영혼은 성장해요. 누군가와 친해지기 위해서는 대화가 필요하지요. 대화에는 침묵이 포함되지요. 지금은 글쓰기와 친해지는 시간이에요. 유명한 작가들도 글쓰기를 어려워해요. 글쓰기는 쉬워지지 않지만 훈련을 계속할수록 자신에 대한 신뢰는 깊어져요. 내가 뭘 하는 건지 모르겠는 지금이, 글을 쓸 능력이 있는지 의심되는 지금이, 차라리 그만두는 게 낫지 않을까 생각하는 지금이, 작가로서의 당신이 성장하는 시간이에요. 애초에 책상에 앉지 않았다면 이런 고민을 할 필요도 없지 않나요. 왜 책상에 앉았나요? 부자가 되기 위해서? 유명해지고 싶어서? 글쓰기로 유명해지기 힘들어요. 차라리 유튜브를 시작하는 편이 낫겠죠. 글쓰기는 경제적 성공과 동떨어진 직업이지요. 당신이 책상에 앉아 고민하는 이유는 당신에겐 반드시 말해져야만 할 이야기가 있기 때문이죠.

트레이너 팁 슬럼프가 지속된다면 장소를 바꿔보세요.

카페나 공원, 조용한 바, 도서관. 어디라도 좋아요. 자리를 바꿀 수 없다면 분위기를 바꿔 보세요. 클래식을 틀거나 라디오를 켜보세요. 글을 쓰는 공간에 꽃이나 인형처럼 당신이 좋아하는 물건을 두세요. 상상력을 자극할 만한 물건이나 기억을 되새길 사진을 걸어두어도 좋아요. 글을 쓰는 시간대를 바꿔보세요. 아침이라면 저녁으로, 저녁에서 새벽 시간으로요. 목욕재계를 하고 써보고 목욕한 김에 발가벗은 채 써볼 수도 있겠죠. 글쓰기를 핑계 삼아 모든 걸 해보는 거예요.

ⓦⓣ '나는 왜 글을 쓰는가.'를 제목으로 글을 쓰세요.

당신이 써야 하는 이유를 스스로에게 설명해 보세요. 글이 써지지 않을 때 어떤 기분이었는지 쓰세요. 슬럼프를 극복하기 위해 어떤 변화를 주었는지 쓰세요.

트레이닝
Step 27

시간의 낙차

열아홉의 내가 입학했을 때 대학가 근방은 허허벌판이었다.

스물다섯의 내가 연인을 따라 진주로 올라왔을 때 십삼 년이나 머물며 일하게 될지 상상도 하지 못했다.

서른아홉에 통영으로 내려올 때 다시 올 일은 없으리라 생각했었다. 이삿짐을 실은 차 안에서 '이곳에 청춘을 두고 간다.' 했을 때 친구는 "두고 가기는 들고 가는" 거라고 말했었다.

다시 올 일 없으리라 생각한 도시에서 매일 출근길에 지나치던 카페에 앉아 일곱 번째 책 계약서를 쓰고 있다.

수용의 과정　같은 대상을 대하는 달라진 나

소설 속에 나오는 운명의 사랑을 믿었다.

가난이나, 신앙, 현실적 문제로 이별을 겪었다.

연애를 가볍게 생각하고 마구잡이로 살게 되었다.

운명 같은 사람을 만나 사랑을 했다.

운명이라 믿은 사랑이 끝났다는 사실을 믿을 수 없었다.

누구도 만날 수 없었지만 이대로 늙어 버릴까 봐 겁도 났다.

그럼에도 그를 만나 사랑했던 것은 다행이었다.

더 이상 인연이 남아 있지 않아도 괜찮을 사랑이었다.

그를 사랑할 수 있었던 삶이었음에 감사한다.

이제 그의 이름은 '사랑할 수 있는 슬픔'이 되었으니까.

사랑했던 이름들은 모두 사랑할 수 있는 슬픔이 되었다.

언어유희

이별, 빛으로

이 별빛으로

찬란한 나의 밤

필사적으로 필사하라.

변화의 계기

마침내 민트 초코를 맛보았던 여름날, 청량함 속에 깃든 달콤함, 달콤함을 감싸주는 상쾌한 끝맛. 체리보다 상큼하고 녹차만큼 깔끔했다. 민트색 하늘 사이에 녹아든 초콜릿은 별처럼 부드러웠다. 생각보다 나쁘지 않았다. 아니 지금까지의 생각을 뒤엎는 맛이었다. (중략) 취향으로 편을 가를 필요는 없었다. 호불호를 판단의 영역에 들어서는 안 되는 거였다. 사람을 이해하는 일은 사소한 것에서부터 시작되는 거였다. 이를테면 민트 초코 한 입부터 말이다.

대화의 기록

토스트 가게 아주머니가 물었다. "어디 가시나 봐요?" '네 여기저기 다니는 중이에요.' "어디 어디 다니셨는데요?" '저도 다닌지 얼마 안 돼서 태종대랑 영도, 통영과 남해 정도예요.' "부럽다. 나 어릴 때는 놀러 참 많이 다녔는데." '지금도 충분히 할 수 있죠. 대학가니까 방학 때라도 날 잡아서 쉬시면 되죠.' "그렇긴 한데 불안해요. 단골들도 있고 하루 쉬면 어제 장사가 잘됐을까봐 마음이 쓰이고 그래서..." (중략) 우리는 불안을 피하기 위해 불행으로 스스로를 몰아넣고 있는 건 아닐까.

필사적 활용

톨스토이 영감님은 행복한 가정은 모두 비슷한 반면 불행한 가정은 제각각의 이유로 불행하다고 말씀하셨지만 그보다는 부유함은 모두가 바라볼 수 있지만 가난은 저마다의 경험일 수밖에 없는 것이 아닐까. 빈곤은 각자의 내밀한 경험이라 공유되지 못한다. 부유해지는 방법을 배울 순 있어도 가난의 상처를 치유하는 방법은 가르칠 수 없다. 어린 시절 숨 막히게 가난했으나 이제는 그 시절도 그리움이 되었다. 엄마가 차려온 밥상에 네 식구가 둘러앉아 먹던 밥상은 다시 마주할 수 없다. 궁핍한 살림을 쥐어짜 차려내는 밥상이 풍족할 리 없었다. 계란은 귀했고 햄이나 고기반찬은 구경하기 어려웠다. 꽈리고추 멸치볶음이라던가 미끄덩거리는 가지무침, 삭힌 젓갈이 어찌나 싫던지. 어린아이의 입맛에 맞을 리 없었다.

이 밖에도 <대조적 단어>를 사용해서 문장을 시작하거나 ex) 유서를 쓰고 밥을 짓는다. <상처를 개방>하거나 ex) 내가 국밥을 떠넘기고 있었던 그 시간 아버지는 생의 문턱을 넘고 있었다. <생활의 발견> ex) 한동안 오른발을 쓰지 못했다. 계단을 내려가기 위해서 두 팔로 벽을 짚고 온몸의 근육을 동원해야 했다. (중략) 한 발을 쓰지 못하니 온몸으로 걷는 법을 배운다. <관계의 종말>을 떠올리거나 ex) 그토록 오래 미워한 것은 그만큼 믿었던 까닭이었다. (중략) 마음을 다한 인연이 멀어져도 슬퍼하지 않는 것은 줄 수 있는 전부를 주었기 때문이다. 우리의 멀어짐을 아파한 것은 미처 주지 못한 마음이 있었기 때문이다. 쓸모를 다한 물건은 버려지지만, 수명을 다한 마음은 생을 버리는 빛이 된다. <여행의 서사>를 보여주며 글을 시작할 수 있어요. ex) 상주로 '점프'하기 위해 버스를 기다린다. 사내 하나가 쭈뼛거리며 다가와 경북 예천으로 가는 길을 묻는다. 점촌으로 갔다가 예천으로 가는 표를 끊으면 된다고 답하니 예천에서 축제 중인지 묻는다. 축제는 다음 주부터라고 되어 있네요. 용궁면에 가면 각설이 공연을 한다는데 맞요? 잘 모르겠다고 했다. 그가 왜 그곳에 가고 싶은지 알 수 없듯이 버스를 두 번 갈아타면서 자전거를 끌고 여기까지 온 이유를 설명할 수 없다. 인생이란 이유를 설명할 수 없는 것들을 찾아 헤매는 일인지도 모른다. (중략) 지금 내 머리 위는 자유다. 파란 하늘 아래 낚싯대를 드리운 사내도, 지천으로 피어난 코스모스도, 함께 춤추는 갈대도, 그 속을 달리는 자전거도 한없이 평화로운 고요의 일부다. 서로가 서로에게 기대어 있되 서로를 넘지 않는 상주의 풍경은 평화를 위해 필요한 것이 무엇인지 말하고 있다.

ⓦⓣ 당신의 신념을 말해보세요.

논리정연하게 쓰지 않아도 괜찮아요. 쇼핑 목록을 작성하듯이 써 내려간 뒤 신념을 갖게 된 이유를 쓰세요. 그러한 가치관을 갖게 만든 사건이나 환경에 대해 쓰세요. 신념을 고수해서 손해를 보거나 이익을 본 일이 있나요. 에피소드를 곁들여 이야기를 써보세요.

트레이닝
Step 28

진실보다 아름다운 형용사는 없다

　"좋은 글"이라는 환상에서 벗어나야 해요. 잘 쓰려고 하면 자꾸 멈추게 되죠. 당신이 가진 장점은 신선함이에요. 아직 세상에 나온 적이 없는 특별한 이야기죠. 스스로 잘 쓴다고 생각하는 작가는 아마 없을걸요. 한 줄씩 나아가면서 조금씩 성장하고 지금껏 쌓아온 시간에 자부심을 갖는 정도죠. 지금 당장 잘 쓰려고 하는 건 내일 대회에 나가 금메달을 따고 신기록을 세우려는 것과 마찬가지예요. 글쓰기는 속도를 겨루는 게임이 아니죠. 타인과의 경쟁이 아니에요. 그러니 '있어 보이는' 글을 쓰려 하지 마세요. 미사여구로 당신의 진실을 가리지 마세요. 비유를 남발해서 무슨 말을 하는지 알 수 없는 문장을 쓰지 마세요. 며칠이면 몰라도 호텔에서 평생 살 수는 없죠. 휘황찬란한 인테리어도 계속 보면 질리죠. 튀는 문장을 쓸 필요 없어요. 집을 둘러보세요. 벽지는 무슨 색인가요? 아이보리? 블랙? 연갈색? 무지개색으로 도배를 하진 않았겠죠? 침실을 금빛으로 칠하거나 거실에 사이키 조명을 달아 두지는 않았을 거예요. 당신이 오래 머물러야 할 장소니까요. 문장도 마찬가지죠. 기상천외한 이야기라도 일상의 언어로 써야 해요. 홀로 오롯한 문장은 아름답지만 함께 있는 문장은 찬란하지요. 어디에 내놓을 만한 문장 대신 그곳에 있어야만 할 진실한 한 줄 그거면 돼요.

'있는 그대로'의 당신을 쓰세요. 진실보다 아름다운 소재는 없으니까요. 당신의 글에 당신만 담으면 돼요. 당신이 생각하는 것, 당신이 살아온 길, 당신이 사랑하는 것에 대해 이야기하면 돼요. 진실한 이야기를 쓰면 돼요. 남들이 어떻게 볼지 미리 걱정할 필요 없어요. 계속해서 써나가세요. 모델처럼 걸으려 당신의 보폭을 포기하지 마세요. 당신만의 리듬으로 계속 움직이세요. 걸어가다 보면 이게 나라는 사람의 정체성임을 알게 되는 순간이 와요. 당신이 쓴 글을 납득하는 순간은 반드시 와요. 자신에게서 도망치지 말고 계속 쓰세요. 진실한 글을 쓰면 많은 것을 얻게 될 거예요. 글쓰기를 통해 자신을 진정으로 이해하게 될 거예요. 어떤 것을 좋아하고 싫어하는지, 모호했던 감정은 명확해지고, 애매했던 기분은 이름을 얻을 거예요. 기억을 되살리면서 일상은 생기를 되찾을 거예요. 기록하는 삶은 의미를 잃지 않아요. 어둠 속에 있던 고통스러운 기억을 바깥으로 내어 보내면서 영혼은 건강해져요. 스스로를 위로하고 고무하는 법을 배울 거예요. 타인의 문장에서 위로의 말을 구하지 않을 거예요. 당신이 어떤 상황에 있는지 표현할 수 있고, 상황에 어떻게 대응해야 할지 결정할 수 있어요. 당신이 보고 듣고 만지고 느끼는 것들은 물론 머릿속 혼란스러운 생각까지 가지런한 언어의 형태로 전환할 수 있어요. 경험을 언어로 바꾼 기록은 지혜의 원천이자 힘의 근원이 되죠. 상처를 받는 상황이 언제인지 알고 아픔을 어떤 방식으로 이겨냈는지 이해하게 되죠. 어떨 때 육체적으로 기분이 좋은지 어떤 환경에서 편안함을 느끼고 정신적으로 고양될 때는 언제인지 알게 돼요. 당신은 자신을 알게 돼요. 글쓰기를 지속하면 있는 그대로의 자신을 받아들이게 돼요. 지속적인 글쓰기는 자신을 긍정하게 만들어요. 여전히 당신은 완벽한 존재가 아니지만 스스로 온전한 존재임을 알아요. 당신은 필요한 모든 것을 기억하고 있고 일어나는 모든 일들을 기록할 수 있어요. 이것만으로도 축복이 아닌가요. 당신 인생의 역사를 통해 배우고 더 나은 사람이 될 거예요. 무엇보다 더 나인 사람이 될 거예요. '이건 내가 아니'라고 부정하는 사람에서 '이것도 나인걸.' 인정하는 사람이 되는 거죠. 이해는 풀어냄이고 납득은 품어냄이죠. 삶을 풀어내며 나를 품는 방법을 배우는 거죠.

ⓦⓣ '나는 ◯◯ 이었다.' 로 청소년 시절에 대해 써볼까요.

스타, 스포츠, 이성, 종교, 무엇을(누구를) 좋아했으며, 왜 그토록 빠졌었는지, 좋아서 어떤 일까지 해봤는지, 당신이 좋아했던 무언가(누군가)는 어떻게 변해있는지, 그것이 당신에게 어떤 의미인지, 지금 생각하면 부끄럽지만 뜨거웠던 시절이지요. 그 시절의 열기를 이곳으로 옮겨와 보세요.

트레이닝
Step 29

신인상은 평생 한 번뿐

　출판사 대표님과 미팅을 하다 나온 이야기인데 첫 책을 내는 분들은 본인의 글에 자신 없어 하는 경우가 많다고 하더군요. 잘 쓰고 싶고, 멋진 문장을 쓰고 싶고, 완벽한 이야기를 내려다 출간을 미루거나 끝내 책을 내지 않는 경우도 있다고 들었어요. 이미 충분히 미뤄왔지 않나요. 완벽에 대한 강박에서 벗어나야만 글을 쓸 수 있고 책을 낼 수 있어요. 평생 글을 쓴 작가도 자신의 글이 완벽하다 여기지 않아요. 글쓰기 공부는 끝이 없어요. 문학의 바다는 넓고 깊어요. 글은 쓰면서 배우는 거죠. 책을 쓰면서 배우는 거죠. 부족함을 채우기 위해 다시 원고를 시작하는 거죠. 당신이 가진 장점은 신선함이에요. 세상에 나온 적 없는 이야기죠. 신인상은 평생 한 번뿐이에요. 두려워서 미루면 후보에도 오르지 못할 거예요. 글을 잘 쓰는 사람은 넘쳐나요. 당신이 써야 할 글은 정제되지 않은 날것의 이야기죠. 온전한 날것이 잘 쓴 글보다 매력적이에요. 다시는 날것의 이야기를 쓸 수 없어요. 당신의 이야기를 진솔하게 쓰세요. 완벽하지 않아도 괜찮아요. 지금의 내가 할 수 있는 최선이면 돼요. 일단 다 쓴 다음 이만하면 됐다 싶을 때까지 고쳐 쓰면 돼요. 남들처럼 쓰려고 하면 남들 같은 글밖에 못 써요. 첫 번째 원고가 문학상을 수상하거나 첫 번째 책이 베스트셀러가 되는 일은 거의 일어나지 않아요. 우연을 기대하지 마세요. 문학상에 계속 떨어지고 출판사에 거절당하며 칼을 가세요. 자신을 갈아 넣고 문장을 다듬으세요. 어떻게든 해내게 될 거예요. 당신의 성취는 요행이 아닌 운명이 될 테니까요. 오늘 쓴 문장이 당신을 내일로 이끌 거예요.

ⓦⓣ **당신이 가진 비밀 중 한 가지만 털어놓으세요.**
비밀을 알리고 싶지 않은 사람에게 고백하듯 써보세요.(실제로 할 필요는 없지만 가능하면 시도해 보세요.) 비밀을 털어놓았을 때 그가 보일 반응을 상상해 보세요. 화를 내나요? 슬퍼하나요? 고마워하나요? 미안해하나요? 장면을 이어 가보세요. 관계에 어떤 변화가 일어나나요.

트레이닝
Step 30

쓸 수밖에 없기에

사람들이 글을 쓰는 이유나 책을 쓴 목적을 물으면 그 럴듯한 이야기를 늘어놓지만 사실은 '쓸 수밖에 없어서' 쓰 는 것뿐이에요. 무엇을 쓸지 고민하지 마세요. 그냥 써놓고 왜 이 글을 쓴 건지 생각하는 편이 나아요. 책 한 권 되지 못 할 인생이 없다지만 고작 한 권일까요? 살며 본 풍경을 사 진으로 찍으면 몇 장쯤 될까요? 지금까지 읽은 이야기와 들 은 것들을 녹음 파일로 만들면요? 생각하고 느낀 것들은 또 얼마나 많나요. 우리는 쓸 거리가 없는 게 아니죠. 이야기를 꺼내는 방법을 모를 뿐이에요. 도서관에서 필요한 책을 찾 듯 글감을 꺼내는 데 익숙해져야 해요. 억지로 쓰지 마세요. 힘을 쏟아 붓는 대신 흐름에 몸을 맡기는 거예요. 시나 수필, 소설의 대부분은 제목을 정하고 목차와 개요를 짠 다음 빈 틈없는 논거로 계획한 대로 나아가지 않아요. 문학은 논문 이나 보고서가 아니죠. 한 걸음씩 더듬으며 나아가 마침내 와야만 했던 장소에 닿는 거죠. 에움길에 지혜가 있고 감동이 있고 기쁨이 있죠. 글쓰기는 목적을 갖고 나아감이 아니라 그 자체로 목적인 일이죠. 글쓰기에는 지름길이 없어요. 먼 길을 돌아 누군가 멈춰 쉴 곳을 만드는 일이지요. 무언가 떠오를 때마다 쓰고 모든 게 가라앉을 때까지 고쳐 쓰세요. 내키는 대로 그린 스케치도 시간이 덧대어지면 스토리가 되고 스토리를 이어가면 스타일이 되니까요. 떠오른 문장을 쓰지 않으면 다음 문장으로 나아가지 못해요. 프롬포터가 되세요. 쓸데없어 보여도 일단 쓰세요. 별거 아닌 문장이 다음 문장을 불러오는 주문이라 생각하세요. 의미를 몰라도 그냥 쓰세요. 쓰면서 알게 되는 거예요. 뭐라도 쓰면 결국 뭐든지 쓸 수 있게 될 거예요.

트레이너 팁 당신은 항상 귀를 기울이고 있나요.

사람들의 대화는 물론이고 일상의 사소한 일을 메모하고 풍경을 기록하고 있나요. 기록하지 않아도 되는 순간은 자신의 목소리를 듣기 위해 침묵할 때뿐이에요. 영감의 원천은 책만이 아니에요. 노래 가사에서 아이디어를 얻을 수도 있고, 영화나 드라마 대사에서 영감을 얻을 수도 있어요. 사랑하는 이의 몸짓을 지켜보듯이 당신의 일상을 지켜보세요.

ⓦⓣ 당신이 경험한 영적인 순간에 대해 쓰세요.

당신이 생각하기에 초월적 존재는 있나요? 신은 존재하나요? 당신이 가진 종교적 신념에 대해 쓰세요. 믿음을 갖게 된 계기나 믿음을 버리게 만든 사건에 대해 쓰세요. 당신에게 무슨 일이 일어났나요. 영적인 체험이 삶을 대하는 방식을 어떻게 바꿔놓았는지 써보세요.

트레이닝
Step 31

쓸모없는 글쓰기의 기쁨

하루 종일 일해도 고작 여섯 줄을 새로 쓰거나 열 매 남짓 퇴고한 게 전부일 때가 있어요. 온 힘을 다해 기어가느라 무릎이 다 까졌는데 제자리만 맴도는 기분이에요. 노력에 비해서 하찮을 정도의 '플러스'죠. 그나마 플러스면 다행이지요. 퇴고할 때는 몇 달간 마이너스만 계속하지요. 공들여 쓴 원고를 죽죽 잘라내고 있으면 과연 내가 뭘 하고 있는 건가. 회의감에 빠지죠. 글쓰기는 비효율적인 일이죠. 일단 시간 대비 생산량이 처참하죠. 돈을 많이 벌거나 인기를 얻는 작가는 손에 꼽을 정도지요. 삶을 고독하고 비참한 것으로 만들고 사람을 피폐하게 만들죠. 그럼에도 글쓰기를 계속하는 이유는 '쓸모'에서 자유롭기 때문이죠. 애초에 쓸모만을 따진다면 미술이나 음악이 왜 필요할까요. 여행을 가고 공연을 즐기는 것도 사치가 아닌가요. 공 하나를 갖고 노는 걸 수만 명이 지켜보는 것도 어이없는 일이죠. 사랑 따위에 감정을 소모하거나 가족을 위해 희생하고 타인에게 봉사하는 일도 쓸모없겠죠. 어쩌면 소중한 것은 모두 쓸모없음 안에 있는지도 몰라요. 아름다운 것들은 쓸모의 바깥에 있지요. 모두가 글쓰기에 목숨을 걸 필요는 없지만 누구에게나 쓸모에서 자유로운 시간이 조금쯤 필요하지 않을까요. 글을 쓰는 건, 쓸모에서 벗어나 나를 위해 삶을 쓰기 위한 시작이지요.

ⓦⓣ **당신이 교회나 성당, 절에 다닌다면 누구의 영향이었나요.** 종교는 당신의 삶에 어떤 영향을 끼쳤나요. 신앙에 회의감을 느낀 적은 없나요. 당신의 종교생활에 대해 쓰고 신에게 기도문을 바쳐보세요. 무신론자라면 왜 믿지 않는지 종교에 거부감을 가지는 이유가 무엇인지 쓰세요. 인간은 무엇을 위해 살며, 영혼은 어디로 가는지, 생의 궁극적인 목적은 무엇이고, 존재한다는 것은 어떤 의미인지 써보세요.

트레이닝
Step 32

소재가 없다는 거짓말

세상에 소재 아닌 것은 없어요. 당신이 써야 하는 글은 당신이 겪는 모든 것이죠. 그보다 특별한 이야기는 없음을 기억하세요. 글쓰기는 누구에게나 어려워요. 아무것도 쓸 수 없는 순간도 있어요. 그럴 때는 아무것도 쓸 수 없는 기분에 대해 쓰세요. 왜 써지지 않는지. 손이 가는 대로 휘갈기듯 쓰세요. 불평을 늘어놓고 고통을 호소하세요. 마트 계산대 줄이 길어질 때 멍하니 있지 마세요. 앞 사람이 무엇을 사는지 관찰하세요. 그들이 어떤 저녁을 보낼지 상상해보세요. 카페나 식당에서 대화를 엿들어 보세요. 그들이 어떤 사이인지 상상해 보세요. 공원이나 지하철에서도 같은 일을 하세요. 풍경을 기록하세요. 똑같은 일상이라도 비 올 때의 풍경, 바람이 부는 날의 풍경, 새벽과 저녁, 봄의 풍경과 겨울의 풍경이 다르지요. 몇 줄씩 모은 일 년의 풍경만으로도 한 편의 글이 되고 서사를 풍성하게 만드는 재료가 되지요. 일상을 이야기로 전환하세요. 별 볼 일 없는 일상을 기록한다고 뭐가 달라지냐고 생각할 수도 있지만, 뒤집어 보면 별 볼일 없는 일상조차 쓰지 못하면서 시적인 문장이나 극적인 대화를 갑자기 쓸 수 있을까요. 밥은 먹었냐는 사소한 질문도 형사와 살인자 사이에 오가는 질문이라면 달라지겠지요. 익숙한 풍경이라도 상세히 기록해두면 어느 날 갑자기 외계 군단이 침략하거나 바이러스가 퍼진 세상을 묘사할 때 얼마든지 꺼내 쓸 수 있어요. 쓸 게 넘쳐난다면 굳이 연습할 필요 없어요. 소재가 없다는 생각이 들 때, 글을 쓰다 막혔을 때, 슬럼프에 빠졌을 때. 한 번쯤 시도해 보세요. 당신이 쓴 글 중 마음에 들지 않는 글은 있어도 아무 의미 없이 사라지는 글은 없어요.

트레이너 팁 작은 이야기를 소중히 하세요.

동네 어부가 술을 마시며 떠들고 있었어요. 두 달 가까이 한 마리도 잡지 못하다가 큰 물고기를 여섯 마리나 낚았는데 상어들이 물고기를 몽땅 먹어 버려서 빈손으로 돌아왔다는군요. 다른 사람들은 그러려니 흘려버렸지만 한 사람은 달랐어요. 술값을 내주고 산 어부의 이야기가 실린 잡지는 500만 부가 팔렸고, 다음 주에 단행본으로 출간되었으며, 이듬해에는 퓰리처상을, 다음 해에는 노벨문학상을 수상했죠. 이야기를 산 사람은 어니스트 헤밍웨이. 어부의 이야기는 '노인과 바다'라는 불후의 명작이 되었죠. 우리가 흘려 넘기는 이야기 속에 발견해야 할 보석이 있어요. 보석의 가치는 누구도 알지 못하죠. 다듬으면 빛날 무수한 이야기들이 지금도 주위를 둘러싸고 있어요. 당신을 둘러싼 이야기, 누군가 당신에게 들려주는 이야기, 마음을 움직이는 이야기에 귀를 기울이세요. 단어에는 주인이 없어요. 쓰이지 않은 이야기에는 주인이 없어요. 문장으로 옮긴 사람에게만 이야기를 소유할 권리가 주어져요.

ⓦⓣ 인생에서 가장 드라마틱한 사건을 떠올려보세요.

처음에는 나는 ~ 으로 시작하고, 다음에는 똑같은 이야기를 너는 ~ 으로 시작해 보세요. 그는~ 으로 문장을 시작해 보세요. 전지적 존재가 되어 이야기를 재구성해 보세요. 이야기가 어떻게 달라지나요. 네 개의 버전 중 당신 마음에 드는 글은 어떤 것인가요.

트레이닝
Step 33

시간이 없다는 핑계

하루에 스마트폰을 얼마나 사용하나요. 텔레비전은 몇 시간 보나요. 유튜브도 좋고 드라마도 좋고 예능도 좋아요. 즐겁게 보낼 수 있다면 다행이지요. 하지만 공허함만 느껴진다면 연습장을 펼치세요. 시간만 때운 기분이 든다면 노트북을 켜세요. 글을 쓰고자 하는 사람은 써요. 감옥에 갇혀도 화장실 휴지를 아껴 글을 써요. 내일 죽을지 모르는 전쟁터에서도 써요. 세 아이의 점심을 차려주고 식탁 위에서 장편 소설을 완성해요. 글쓰기가 결코 양보할 수 없는 자신의 시간이기 때문이죠. 윌리엄 포크너는 하루 12시간 막노동을 하며 쓴 책으로 노벨문학상을 탔어요. 시간이 없다는 핑계로 이야기를 멈추지 마세요. 하루 30분이면 충분해요. 글쓰기 '활성화' 상태로 하루를 살았다면요. 틈날 때마다 글감을 모았다면요. 글을 쓰는 행위는 글쓰기의 일부에 불과해요. 자료를 조사하고 글감을 모으고 메모하는 동안에도 글을 쓰고 있는 거예요. 글감을 텍스트로 전환하는 시간은 30분이면 충분해요. 시간 날 때마다 한 메모를 잇는 시간이에요. 억지로 짜내지 마세요. 글쓰기가 힘들어져요. 매일 바깥에 널린 글감을 주워오세요. 글쓰기를 배우는 분들에게 이곳에 오는 과정을 묘사해보라고 하면 당황하세요. 미리 메모를 했다면 어떨까요. 아침에 뭘 먹었는지. 무슨 대화가 오갔는지. 어제 기분은 어땠는지. 어떤 사람과 마주쳤는지. 오면서 본 풍경은 어땠는지. 무슨 교통수단을 이용했는지. 무슨 노래를 들었고 강의실에 들어올 때 무슨 마음이었는지 메모했다면 그리 어렵지 않았을 테지요. 틈날 때마다 메모하세요. 이야기가 막히면 자료를 찾아보세요. 하루에 30분만 글로 옮기면 돼요.

ⓦⓣ 어린아이일 때 빌었던 소원은 무엇인가요. 청소년기에 바랐던 소원은 무엇인가요.

10년 전, 5년 전, 1년 전 빌었던 새해 소원은 무엇인가요. 그때의 소원들은 이루어졌나요. 그때 바랐던 소원을 지금 어떻게 느끼나요. 지금 바라는 소원이 있나요. 이룰 방법은 없나요. 이루어진다면 어떤 일이 벌어질까요.

트레이닝
Step 34

재미없을 거라는 착각

　　당신에게 익숙하다 못해 지루한 일상이라도 다른 사람에게는 낯설고 신기한 이야기예요. 사람들은 타인의 이야기를 궁금해해요. 그래서 당신도 책을 읽고 드라마를 보고 영화를 보는 거죠. 대단한 업적을 이뤄야 특별한 글을 쓰는 게 아니죠. 글쓰기에 자격은 필요하지 않아요. 조건이 붙지 않아야 특별한 것 아닌가요. 육체노동을 하는 내가 무슨 글이야, 아이 기르는 일에 뭐 특별한 게 있다고, 평범한 회사원 이야기를 누가 궁금해하겠어. 사람들은 이웃의 이야기를 궁금해하죠. 타인의 이야기를 보며 자신이 잘살고 있는 건지 확인하고 싶어 해요. 남들과 다른 존재라서 쓰는 게 아니라 스스로 달라지기 위해 쓰는 거예요. 모든 사람의 이야기는 특별하지만 글로 쓰이기 전까지 그저 가능성으로 남아있을 뿐이지요. 이야기는 이야기되어야 해요. 당신의 진실한 이야기를 쓰세요. 이덕무의 말처럼 "글은 눈으로 보고 입으로 읽는 것보다 손으로 직접 한 번 써보는 것이 백배 낫고, 손

111

이 움직이는 대로 반드시 마음이 따라오므로 스무 번을 읽고 외워도 공들여 한 번 쓰는 것보다 못하죠." 읽고 이해하기 어려운 글은 있어도 쓰고 난 후에 납득하지 못할 일은 없어요. 말로 설명할 수 없는 기분은 있어도 글로 풀어내지 못할 감정은 없어요. 문장이 나아가면 생각 역시 가지런히 정리되지요. 그냥 쓰세요. 당신의 이야기를 쓰세요. 주인공에게 아무 사건도 일어나지 않는 소설은 아무도 읽지 않을 테지요. 당신의 이야기를 쓰지 않는다면 단어의 나열에 불과해요. 당신이 두려워하는 것, 당신을 힘들게 만들었던 것, 당신을 화나게 만드는 것, 당신을 울게 만든 것을 써야 해요. 당신의 글 안에서는 당신이 주인공이죠. 당신에게 아무런 사건이 일어나지 않는다면 이야기는 진행되지 않아요. 독자들은 당신의 분노와 공포에 공감하고 슬픔과 고통에 유대감을 느낄 거예요. 특별한 소재, 대단한 이야기가 아니라도 괜찮아요. 헤밍웨이의 <노인과 바다>가 특별한 소재던가요. 300만 명이 눈물 흘린 독립영화 <워낭소리>가 대단한 이야기던가요. 진심을 다해 쓰면 사람들은 진실한 이야기에 귀를 기울일 거예요.

Ⓦⓣ **법적 분쟁에 휘말린 적이 있나요.**
피해자나 가해자가 되어 법원이나 경찰서에 가본 적이 있나요. 무

슨 일 때문에 그런 상황에 휩쓸렸나요. 사건의 당사자가 된 경험으로 인해 변한 것이 있나요. 분쟁에 휘말리며 배우고 느낀 점은 무엇인가요. 가능한 객관적인 스탠스로 상대의 입장까지 고려해 써보세요.

트레이닝
Step 35

재능이 없다는 변명

　어쩌면 글을 쓴다는 건 실수를 반복하는 일일지도 몰라요. 인생도 마찬가지 아닌가요. 몸의 흉터나 마음의 상처도 살아온 흔적이지요. 아픔이 없었다면 인생은 아무것도 아니었을 테지요. 글쓰기는 실수를 반복하면서 세상에 지울 수 없는 자신의 흔적을 남기는 일이에요. 그래서 우리는 글을 쓰려 하는 거지요. 세상에는 뛰어난 재능을 지닌 사람들이 참 많아요. 대부분의 사람은 그들을 부러워하는 데 그치지만 누군가는 자신을 위해 움직이지요. 뛰어난 이들에게 박탈감을 느끼지 않는 사람이 있다면 자신을 위해 뛰고 있는 사람일 거예요. 세상에는 뛰어난 재능을 지닌 작가들이 많아요. 밤하늘의 별처럼 빛나는 문장을 쓰는 작가, 태양처럼 강렬한 서사를 만들어내는 작가, 달처럼 서늘하게 영혼을 비추는 작가. 대부분의 사람들이 그들을 부러워하는 데 그치지만 당신은 자신의 이야기를 쓰기 위해 이 글을 읽고 있는 거지요. 지금 당신 방에 불을 켜세요. 마음에 드는 글을 쓰지 못할지라도 괜찮아요. 쓸모없는 이야기는 없어요. 쓰이지 않은 이야기는 잊히지만 쓰인 이야기는 사라지지 않지요. 당신의 이야기가 어떤 대우를 받길 바라나요. 기억되길 바란다면 기록하세요. 문장의 가치를 따지지 마세요. 이야기를 평가하지도 말고 판단하지도 마세요. 그저 계속 쓰면 돼요. 당신의 이야기는 가치 있어요. 당신은 써야만 해요. 무언가를 이루기 위해서가 아니죠. 당신이 되기 위해 지금 당장 써야만 해요. 마음에 드는 글을 한 줄도 쓰지 못하는 날이 있을 거예요. 실망할 필요 없어요. 좋은 글과 그렇지 않은 글을 구분할 수 있게 되었다는 뜻이니까요. 의심하지 마세요. 어떤 글이라도 매일 한 줄이라도 써나간다면 당신이 써야만 할 이야기에 한 걸음씩 가까워지고 있는 거니까요.

ⓦⓣ 어렸을 때 좋아하던 음식이 있나요.

언제 먹는 음식인가요. 어디서 먹던 음식인가요. 누가 해준 음식인가요. 음식은 어떻게 만드나요. 어떤 추억이 담겨 있나요. 지금도 그 음식을 즐기나요. 그렇지 않다면 이유는 무엇인가요. 그 음식을 떠올리면 어떤 기분이 되나요.

트레이닝
Step 36

카카오톡 하듯 쓰기

한글을 깨우쳤다면 글쓰기에 필요한 기술은 모두 갖춘 거예요. 어떻게 써야 할지 답답한 마음은 잘 쓰려는 욕심 때문이지요. '잘 쓴 글'은 자연스러운 글이에요. 가족과 대화할 때 주제를 생각해두나요. 친구와 이야기 할 때 어떤 메시지를 담을지 고민하나요. 술자리에서 기승전결이 갖춰진 이야기를 하나요. 대단한 걸 쓰려니 아무것도 쓰지 못하는 거예요. 뭐라도 좋으니 그냥 쓰세요. 단순한 감상도 괜찮아요. '저기 수조에 들어있는 게가 꼭 외계인같이 생겼네.' 일단 한 줄을 쓰는 거예요. 한 문장에서 게 외계인이 침략하는 소설이 시작될 수도 있고, '저기 민들레 씨앗이 날아오르네.' 단순한 감상이 동화로 이어질 수도 있지요. 한숨이 나오면 한숨에 대해 쓰세요. 미칠 것 같은 기분이 들면 미칠 것 같은 상황을 쓰세요. 아무거나 쓰고 다음 문장을 이어가세요. 문장은 단어와 단어의 합이고, 글은 문장의 모음이에요. 필요한 건 단어를 조합하는 연습과 문장을 잇는 훈련뿐이에요.

어려운 말을 쓰면 있어 보일 거라 착각하면 곤란해요. 제대로 이해했다면 쉽게 말할 수 있어야 하죠. 글을 쓰는 건 독자에게 무언가를 전하기 위해서죠. '이 정도도 이해하지 못하다니 형편없는 독자'라고 생각한다면 작가로서 실격이에요.

　　미사여구를 붙이지 마세요. 글이 무거워질 뿐이에요. 자연스러운 글에 진실만 담겨있으면 돼요. 필력은 쓰다 보면 늘게 되어있어요. 지금 필요한 건 알맹이를 담는 훈련이죠. 가족에게 말하듯이 쓰세요. 친구에게 이야기하듯 쓰세요. 그래야 이야기가 매끄러워져요. 당신의 글을 읽어줄 독자는 우주 어딘가에 있는 외계인이 아니라 당신의 가족이나 친구 같은 보통의 사람들이죠. 보통의 언어로 쓰세요. 그들에게 말하듯 써야 독자들도 편하게 받아들여요. 있어 보이는 글을 쓰려 머리를 싸매지 말고 그냥 편하게 이야기하세요. 억지로 짜낸 글보다 즐거운 마음으로 쓴 글이 통할 확률이 높아요. 글이 매끄럽게 나아가지 못하는 건 글이란 이런 것이라고 미리 정해놓았기 때문이죠. 이야기를 틀에 가두지 마세요. 이것도 저것도 모두 이야기가 돼요. 뭐든지 이야기가 돼요. 글은 이야기를 마음껏 풀어내는 공간이어야 해요. 남들처럼 쓰려 하지 말고 남들과 대화하듯 쓰세요. 논리적이지 않아도 괜찮아요. 연구 논문이나 신문 기사를 쓰려는 게 아니니까요. 이제 걸음마를 시작한 아이에게 마라톤 완주를 요구하지 않지요. 그저 즐겁게 나아가세요. 마음껏 뛰어다니도록 허락하세요. 생각한 후에 쓰지 말고 쓰면서 생각하세요. 모든 걸 고려하면 아무것도 시작하지 못해요. 어떤 경지에 이르는 것을 목적하지 말고 글을 쓰는 행위 자체를 목표로 삼으세요.

ⓦⓣ 당신은 가정에서, 회사에서, 사회에서, 친구들에게, 부모에게, 자식에게, 연인에게, 배우자에게 복수의 역할을 맡고 있지요. **당신을 정의하는 세 가지 역할을 써보세요.** 각각의 역할이 당신에게 어떤 의미를 갖는지 말해 보세요. 어떤 역할이 우선인가요. 역할들 사이에서 균형을 잡는 비결은 무엇인가요. 균형이 흐트러져 있다면 바로잡기 위해 바꿔야 할 것은 무엇이 있나요. 역할을 수행하기 위해 포기한 것은 무엇이 있나요. 세 가지 역할에 대한 글을 이어 한 편의 이야기로 완성해 보세요.

트레이닝
Step 37

버린 문장만큼 단단해진다

"그녀는 좋은 사람이었다." 문장을 읽고 이미지가 떠오르나요? 이렇게 쓰면 어떨까요. <당시 벌이로는 무리인 선물을 해주었을 때 그녀가 했던 말을 잊을 수 없다. '나는 오빠가 힘들게 일해서 번 돈을 이런 데 쓰지 않았으면 좋겠어.' 우리는 주로 천 원짜리 데이트를 하게 되었다. 김밥천국 아류인 분식집들이 대거 생겨날 때라 천 원짜리 김밥과 군만두를 나눠 먹었다. 더운 날에는 한 시간 요금이 오백 원인 피시방에서 같이 게임을 했다. 겨울이면 붕어빵 천 원어치를 사서 걸어 다녔다. 우리의 길었던 연애에서 가장 눈부신 순간이었다. 자리를 잡은 뒤에는 이런저런 선물을 해주었지만, 그 순간보다 멋진 선물은 없었다. 그녀는 함께 나누는 시간보다 귀한 선물이 없음을 가르쳐주었다.> 아까보다 와닿지 않나요. '그는 멋진 사람이었다.'라고 쓰는 것보다. <그에게는 슈트가 어울렸다. 특히 까만 셔츠에 회색 코트가 어울렸다. 일에 열중할 때에는 땀을 뻘뻘 흘리며 셔츠를 걷어 올

리곤 했다. 움직일 때마다 언뜻 드러나는 힘줄이 근사했다. 집중하다가도 이름을 부르면 아무 일도 없다는 듯 해맑게 웃는 사람이었다.> 라고 쓰는 편이 낫지요. 무언가를 정의 내리려 하지 마세요. 그냥 있었던 일을 가능한 자세하게 쓰 세요. 아주 사소한 것이라도 좋아요. 사소함만이 글에 생명 력을 부여해요. 나중에 지우더라도 자세히 쓰세요. 구차할 정도로 구체적으로 쓰세요. 글쓰기는 빙산을 닮았어요. 눈 에 보이는 부분이 전부가 아니지요. 수면 아래에 진짜가 있 지요. 작가를 빛나게 하는 것은 그가 버린 문장들이죠.

Ⓦⓣ **세 단어 중 하나를 선택하세요.**

1. 화려한
2. 남루한
3. 평범한

선택한 단어에서 떠오르는 옷차림을 가능한 자세히 묘사하세요.
(색상, 재질, 무늬, 상태, 브랜드 등) 그런 옷을 입은 사람은 어떻게 생겼나요. (이목구비, 낯빛, 표정, 성별, 자세, 나이 등) 그는 지금 어 디에 있나요. 장소를 가능한 자세히 묘사해 보세요. 그가 그곳에 있 는 이유는 무엇인가요.

트레이닝
Step 38

아무 생각 없이 모든 생각 늘어놓기

1. **녹색 혁명! (단편소설)**

   채식주의자의 끝판왕 단계

   그린을 선택한 사람들

   그린 – 광합성 가능 움직이는 식물

   광합성 하는 동물이 있었는데?

   바다 민달팽이의 유전자를 조작해서 인간에게 이식

   식물이 된 인간. 청색 인간 개발 – 수중 생활 가능?

   나중에는 각종 식물의 특성을 구현하는데 이른다.

   머리카락 꽃?

   꽃 성형. 벚꽃 머리, 앵두 입술 구현?

   그린의 성적 매력

   그린 개발한 박사는?

   아들에게 접종

   유튜브

   저소득층

걸그룹 데뷔 에코 그린

불치병 환자 - 완치 영생

캐치볼처럼 넘어가는 눈덩이처럼 굴러가는

채식주의자

환경 운동가들의 절대적인 지지

헐리우드 셀럽이 동참한다면?

2. 창문 너머 공중전화 (에세이)

오래된 공중전화

저기 공중전화가 아직도 있네?

저기서 전화 참 많이 했는데

동전 들고 뛰어가던 날들

그 사람들은 잘 있으려나?

첫사랑부터 마지막 사랑까지 추억

참 많이 변했네.

사라진 것들은 정말 사라졌을까?

연탄, 전화카드, 편지, 사람들

마음을 전하는 마음은 변했을까?

편지, 문자, 이메일, 카카오톡

그 시절의 사람들

틀린 답을 적은 게 아니라

아직 답을 적고 있는 중

공중전화로 달려가던 순간의 온기는 어디로

이틀 동안 한 메모예요. 막연하게 쓰려고 하면 막막해져요. 일단 글감을 펼쳐놓으세요. 메모할 때는 평가하지 말고 그냥 던져 버리세요. 아이디어의 수준이 어떤지, 과연 글이 되긴 할지 미리 판단하면 아무것도 쓰지 못해요. 원고지 10매를 채우는 것도 버겁다면 부지런히 글감을 모으세요. 일단 적은 다음 이어 붙여 보세요. 쓸모없는 부분은 빼면 돼요. 머릿속에서 단숨에 글을 뽑아 내려 하니까 머리가 아픈 거예요. 글감을 이어 붙이고 늘여보고 이리저리 배치하는 작업은 그리 힘들지 않아요. 오늘 일기조차 막상 쓰면 몇 줄 감상으로 끝나는 경우가 많지요. 오늘 자신이 갔던 장소의 풍경을 메모해 뒀다면요? 그날 먹은 음식에 대한 감상을 미리 써뒀다면요? 누군가와 한 대화를 메모해 뒀다면 어떨까요? 일기는 섬세한 묘사와 풍요로운 소재로 가득할 테지요. 글을 쓰는 것도 마찬가지예요. 재료가 많아야 요리하기가 좋죠. 요리를 시작한 후에 껍질을 벗기고 육수를 내고 재료를 다듬지 마세요. 미리 준비된 재료를 넣고 끓이기만 하세요. 글을 쓰는 사람에게 메모는 선택이 아닌 의무예요. 능숙한 요리사는 카레를 만들다가 감자 껍질을 벗기지 않아요.

모든 재료를 준비해놓고 음식을 만들기 시작하지요. 메모는 재료예요. 메모를 충분히 모으지 않으면 책상 앞에 앉아 무엇을 쓸지 고민만 하게 될 거예요. 시간을 흘려보내고 역시 나는 안 된다며 자책하게 될 테지요. 꼼꼼하게 재료를 모은 다음 불을 켜세요.

아버지에 대해서 쓰고 싶다면 그가 했던 일에 대해 알아보고, 그가 했던 말을 떠올려 보세요. 그에게 받은 편지를 옮기고 그와 주고받은 문자를 기록하세요. 그와 찍은 사진을 꺼내고 가족들과 이야기해 보세요. 아버지에게 감사했던 일화를 적고 그에게 상처 줬던 일을 숨기지 말고 털어놓으세요. 당신이 가진 재료를 모두 꺼내야 해요. 어떤 글이 좋은지 생각하지 마세요. 지금 자신이 갖고 있는 걸 모조리 쏟아내세요. 글감을 펼쳐놓고 지금의 내가 할 수 있는 최선의 형태로 조합하세요. 완벽하지 않아도 무조건 더하기만 하세요. 시간이 날 때마다 쓴 글에 대해 생각하고 메모하세요. 에피소드를 더하고 문장을 덧붙이세요. 빼기는 퇴고할 때 하세요. 탐정이 증거를 따라가 사건의 전모를 파악하듯 메모의 흐름을 따라 이야기를 완성하세요. 치밀한 작전을 세우느라 때를 놓치지 마세요. 자신이 할 수 있는 일을 하며 내가 바라는 사람이 되어가듯, 지금 쓸 수 있는 글을 쓰며 써야만 할 이야기에 다가가는 거지요. 단 한 줄이라도 그만큼 가까워지는 거예요.

트레이너 팁

무엇에 대해 쓸 것인지 결정하세요.

일정한 기간을 정해 메모를 하세요.

적어도 하루, 길어도 일주일을 넘기지 마세요.

풍경이나 일상에서 있었던 일을 적어두세요. (도입부)

당신이 모은 문장을 이어보세요.

지금 쓰는 글은 완성품이 아님을 명심하세요.

일종의 시안을 만드는 거예요.

한 문장도 빼지 마세요.

글을 쓰며 떠오른 감상이나 에피소드를 추가하세요.

완성된 글을 소리 내어 읽어보세요.

Ⓦⓣ **당신이 관심을 갖고 있는 사회 문제에 대해 쓰세요.**

환경 문제에 관심이 있다면 최근에 환경을 위해 시작한 일을 쓰는 거예요. 낡은 세탁용 망을 과일이나 채소를 보관하는 용도로 쓰기 시작했다거나 섬유유연제를 쓰지 않는다거나 그런 에피소드로요. 사소한 이야기부터 시작해서 환경 문제를 인식하게 된 계기부터 앞으로 나아갈 방향, 어떤 부분을 특히 우려하는지, 환경 운동이 나아갈 방향이 무엇인지까지 쓸 수 있겠죠. 환경 문제가 아니라도 좋아요. 난민 문제, 양성평등, 빈부 격차, 세대 갈등, 범죄율 증가, 동물 학대, 노령화 사회. 어떤 이슈라도 좋아요. 단순히 정보를 조합하거나 주장을 펼치는데 그치지 말고 그 문제에 대한 당신의 생각과 경험을 모조리 쏟아부어 보세요. 당신이 관심을 가진 문제는 당신 존재에 연결되어 있어요. 당신의 신념과 도덕적 가치관까지 드러내세요. 어쩌면 관심을 가진 문제에 대해 이야기하다가 당신이 쓰게 될 책의 콘셉트를 찾을지도 모르죠.

트레이닝
Step 39

> 글이 써지지 않을 때 글감을 준비한다

　　미리 재료를 모아두세요. 전골을 만드는데 배추가 없다거나 고기를 먹으려는 데 마늘이 없으면 곤란하지요. 인물 묘사를 모아두지 않으면 화가 난 얼굴로, 당황한 표정으로, 즐거운 표정으로 따위의 묘사만 늘어놓고 말지요. 신선한 재료들을 송송 썰어 준비해 두세요. 도드라진 광대뼈, 부들부들 떨리는 볼, 뾰족하게 솟은 턱, 명란젓처럼 오동통한 입술. 어떤 표현이라도 좋아요. 가족이나 친구의 사진을 묘사해 보세요. 책에 나온 표현을 메모해 두세요. 짧은 동영상을 글로 전환하는 연습을 해보세요. 풍경 묘사를 모아 두세요. 폴더를 만들거나 메모장을 마련해 정리해 두세요. 많은 작가가 그렇게 해요. 글이 잘 써지지 않을 때 작업을 해두세요. 글쓰기 서랍에 넣어둔 재료는 절대 상하지 않아요. '써지지 않을 때 잘 써질 때를 대비해둔다.' 얼마나 든든하고 보람 있는 작업인가요. 괴테는 메모를 이어 '파우스트'를 완성했어요. 메모에는 순간을 포착하는 힘이 있어요. 기억을 되살리는 힘이 있어요. 벌이 꽃가루를 모으듯 부지런히 메모를 하세요. 한 방울 꿀을 위해 수만 번의 날갯짓이 필요해요. 메모는 스케치에 불과할지도 모르지만 모든 그림이 스케치에서 시작되지요. 글쓰기는 스케치한 그림에 색깔을 채워 넣는 시간이죠.

(w)(f) **지난 일 년간 자신에게 있었던 일을 정리해 보세요.**

1월이라면 새해 목표가 무엇인지, 12월이라면 올해가 어땠는지, 새해 목표로 한 것은 이루었는지, 뜻밖에 얻은 것과 잃은 것은 무엇이었는지, 6월이라면 새해 목표가 어떻게 진행되고 있는지, 작년 6월부터 올해 6월까지 무슨 일이 있었는지 써보세요. 일 년 동안의 서사를 기록해 보세요.

트레이닝
Step 40

말장난을 부탁해

　　말장난도 글쓰기 훈련이에요. 아이들이 블록을 갖고 놀며 창의력을 기르듯 단어를 갖고 놀아야 글쓰기 근육을 기를 수 있어요. 동음이의어를 모아보고, 비슷한 단어들을 붙여 보고 괜히 영단어에 쉼표를 찍어 보세요. '닳아지다, 달라지다.' '다리로 건널 수 없는 다리' '이곳, 이꽃' 'im, potant' 'for, rest' 조사 바꾸기도 좋은 훈련이죠. '인생은 쓰다, 인생을 쓰다.' '그래도 너였다, 그래서 너였다.' '시들다, 시를 들다.' 부디 말장난을 하세요. 말장난은 글쓰기를 편안하게 만들어요. '이별 빛으로, 이 별빛으로' 띄어쓰기 하나로 의미를 부여할 수 있죠. 'LOVE를 거울에 비추면 EVOL, 사랑을 뒤집으면 진화가 되는 건 사람은 오직 사랑을 통해서면 성장할 수 있기 때문일까. 사랑이 끝나는 그 순간에.' 이런 식으로 뒤집어 보기도 하고요. '생각만 하면 상상에 그치지만 행동하면 현상이 된다.' 이런 문장도 말장난에서 시작되었죠. 발음이 비슷한 빗, 빚, 빛을 글쓰기라는 행위와 이어볼까요.

'글쓰기는 마음을 가지런히 정돈하는 빗이고, 마음의 빚을 갚는 행위이며, 새로운 길을 비추는 빛이다.' 단어를 가지고 노세요. 뜻밖의 아이디어가 떠오를 거예요. '유치'해 보여도 '찬란한' 문장의 씨앗이 될지도 몰라요.

상관없는 두 개의 단문을 붙여볼까요. '유서를 쓴다.', '밥을 짓는다.' 두 문장을 합쳐 '유서를 쓰고 밥을 짓는다.'처럼 죽음과 삶을 관통하는 문장을 만들 수도 있죠. <인어공주는 뒤를 노린다.> 문득 생각난 문장을 조합해 단편소설을 시작할 수도 있죠. 조사 하나만 바꿔도 의미가 달라지죠. 김훈 작가의 <칼의 노래> 첫 문장을 떠올려 보세요. '버려진 섬마다 꽃이 피었다.' '버려진 섬마다 꽃은 피었다.' 전자는 객관적인 느낌이고 후자는 주관적인 느낌이 들죠. 첫 문장이 책 전체의 색을 결정지었죠. 말장난을 하세요.

띄어쓰기를 바꾸고, 글자를 뒤집어보고, 어원을 찾아보고, 조사를 바꿔보세요. 문장의 주어를 바꿔보세요. 어울리지 않는 단어를 조합해 보세요. 일상적 단어를 조합해 새로운 문장을 만들어 보세요. 어울리지 않는 단어가 만나 일으키는 파괴력은 엄청나요. 말도 안 되는 문장을 만들어보세요. 화학 실험을 하듯 단어들을 섞어 무슨 일이 일어나는지 지켜보세요.

ⓦⓣ 유명한 책이나 영화 제목의 주어, 조사, 서술어를 바꿔보세요.

머릿속에서 바꾸지 말고 노트에 쓰면서 생각하세요. 그중 한 문장으로 글을 써보세요.

(ex 바람과 함께 사라지다 → 바람과 함께 살아지다, 직업으로서의 소설가 → 직업으로서의 육아)

트레이닝
Step 41

살아있는 글은 몸으로 쓴다

　　상상에는 한계가 없지요. 머리 좋은 사람은 상상만으로 쓸 수 있을지도 몰라요. 하지만 직접 가서 보고 쓰는 것과는 다르겠죠. 아버지를 보내던 날의 풍경을 쓰기 위해 장례식장에서 화장터까지 걸었어요. 그날 아버지의 관을 싣고 가던 길을 혼자서 걸어 보았죠. 한 편으로 미쳤다는 생각을 하면서도 주변 풍경을 메모했어요. 그날의 장면이 머릿속에서 되살아났어요. 어린 시절을 살았던 집을 찾아가기도 했었죠.

　　<오락실이 있던 자리에는 햇볕에 색이 바란 도남 아귀찜 간판. 가족끼리 함께 가던 갈채노래방문은 굳게 닫혀 있다. 가시나무도 나이를 먹는가. 백골처럼 말라버린 가시덤불 밑으로 새순이 돋았다. 텃밭 한쪽에 유채꽃이 봄바람에 휘날린다. 동네에 두 채 있던 이층집 중 하나는 헐려 주차장이 되었다. 옛집에는 누군가 살고 있을까. 잠시 서성인다. 골

목이 이렇게 좁았던가. 조개를 캐던 갯벌은 어디쯤인지. 조선소 건물들이 밀고 들어와 짐작도 하기 힘들다. 철제 빔으로 고정해 둔 조선소 벽 아래에 파가 자란다. 도사견을 기르던 골목 끝 집은 철판을 쌓아두는 적하장이 되었다. 평상에 앉아 나물을 다듬던 할매들은 세상을 떠났고 정종 잔으로 윷을 놀며 막걸리를 마시던 선원들도 떠났다. 담이 이렇게 낮았던가. 담벼락은 양팔을 다 뻗을 수 없을 만큼 좁다. 덜 익은 열매를 따 먹던 대추나무는 베어져 없어졌고 대신 오 미터는 족히 넘을 종려나무 한 그루만 외로이 섰다. 담 저편에 살던 중학교 주사 아저씨는 아직 살아 있을까. 유치원을 함께 다녔던 여자애는 어디에서 살고 있을까. 담벼락에 이불을 널던 기억. 볕이 좋은 날이면 이불을 널었다. 동네 아이들이 모여 자치기를 하고 구슬치기, 비석치기를 하며 떠들썩하던 공터에는 조선소 숙소가 들어섰다. 가시덤불이 있던 자리엔 동백이 빽빽하게 심겨 담을 대신한다. 도남안길 49 – 5번지, 명패는 선명한데 대문이 사라져 있다. 누군가 살고 있으면 어떻게 양해를 구할까. 고민한 말은 쓸모없어졌다. 대문은 사라졌는데 우편함 대신 걸어둔 플라스틱 바구니는 그대로다. 바구니 안에 담겨있던 알록달록 연애편지들은 어디로 갔을까. 싸리비가 있던 자리엔 깨진 슬레트와 버려진 전기장판. 화장실 문짝도 누군가 떼어갔고 개집이 있던 자리에는 못 쓰게 된 화분만 덩그러니 놓였다. 화장실 오른쪽에는 단칸방에서 옮겨 온 방 두 칸짜리 셋집. 합판이 썩어 대나무 발처럼 드리웠다. 세 평쯤 되는 부엌 겸 욕실이었던 좁은 공간으로 들어선다. 수챗구멍으로 쥐가 머리를 내밀던 곳, 콜라병을 끼우고 벽돌로 막아도 어떻게든 비집고 들어와 비누를 갉아 먹었다.>

옛집을 찾아가서 메모한 글의 일부에요. 직접 보며 기록한 메모가 글을 생생하게 만들어요. 그곳에서 느낀 감정들이 글을 풍요롭게 만들어요. 그냥 상상해서 쓰는 글과 직접 경험해서 쓴 글은 달라요. 발품을 팔아 모은 단어는 충직해요. 글이 막히면 직접 가보세요. 시간을 투자하세요. A4 한 장을 채우는 게 얼마나 쉽지 않은 일인가요. '살아있는 문장'을 위해 몇 시간 정도쯤이야 아무것도 아니죠. 소설에만 해당되는 이야기가 아니에요. 시나 에세이도 마찬가지죠. '그와 가던 장소를 혼자 다시 찾는다.' 이것만으로도 이야기가 시작될 것 같지 않나요. 묘사만으로 모든 걸 채울 순 없지만 사실적 묘사만이 주는 실감이 있어요. 직접 찾아가서 무언가 떠오를 때마다 기록하세요. 기발한 상상력이 없어도 기록하는 습관이 있다면 작가가 될 수 있어요.

Ⓦⓣ 운동을 즐기나요?

어떤 운동을 하나요? 운동을 하게 된 계기는 무엇인가요? 운동을 하지 않는 이유가 있나요? 시간이 없어서? 몸이 좋지 않아서? 당신의 상황을 고려해서 할 만한 운동은 뭐가 있는지 적어보세요. 일주일, 한 달 기간을 정해 실행하고 변화를 기록하세요. 체중 변화는 물론 당신의 팔과 다리로 느낀 감각을 기록하세요. 몸의 감각을 기록하는 것도 좋은 소재예요. 이제부터는 몸살을 앓거나 사랑니를 뽑았을 때의 감각까지 기록하세요. 투병을 하거나 누군가를 간병한 경험이 있다면 그때 느낀 감정을 떠올려 써보도록 하세요. 어떤 경험이라도 소재가 돼요. 소재로 삼는다는 건 당신의 이야기로 만든다는 뜻이에요.

트레이닝
Step 42

연습 삼아 쓰지 않기

　작가와 작가 지망생을 가르는 벽은 필력이 아니에요. 작가는 창작을 하고 작가 지망생은 습작을 해요. '연습 삼아' 쓰지 마세요. 지망생이라는 말 뒤에 숨지 마세요. 오늘 글을 쓴 당신이 작가에요. 부족하더라도 당당해 지세요. '습작'이라는 말로 어정쩡한 자세를 취하지 마세요. 여차하면 다시 도망칠 핑계를 찾게 돼요. 언제까지 연습만 하고 있을 건가요. 출간을 전제로 한 작품처럼 임하세요. 창작이 가장 효과가 뛰어난 습작이에요. 자신을 의심하지 마세요. 아무도 읽지 않을 거라며 연습 삼아 쓴 글과 누군가 읽어주기를 간절히 소망하면서 쓴 글은 달라요. 이야기를 대신 해 줄 사람은 없어요. 뻔해 보이는 건 당신이 잘 알고 있는 이야기이기 때문이죠. 유치해 보이는 건 진실한 이야기인 까닭이죠. 당신의 이야기는 특별해요. 아직 이야기되지 않았을 뿐이에요.

Ⓦⓣ '내가 강한 사람이라면'

기다릴 줄 알겠지.

나눌 줄 알겠지.

다름을 존중하겠지.

리듬을 잃지 않겠지.

마음 주는 걸 두려워하지 않겠지.

사랑보다 귀한 가치가 없음을 알겠지.

아이들을 보호하겠지.

지금을 살고 있겠지.

칭찬을 아끼지 않겠지.

칼보다 날카로운 말이 있음을 알겠지.

타인을 바꿀 수 없음을 알겠지.

포기할 줄 알겠지.

한 번쯤은 자신으로 살아보겠지.

'강한 사람이라면' 어떨지 ㉠~㉭순으로 써봤어요.

내가 강한 사람이라면, 내가 지혜로운 사람이라면, 내가 용기 있는 사람이라면, 내가 누군가를 사랑한다면, 내가 꿈을 꾸고 있다면, 내가 당신이라면, 내가 그때로 돌아간다면, 어떨지 **자음 순서대로 써보세요.** 내가 ◯◯◯한 사람이라면, **빈칸을 채우고 계속 써보세요.**

트레이닝
Step 43

지운 문장은 있어도 사라진 글은 없다

40만 자였던 초고는 퇴고 후 20만 자가 되고 출판사에서는 10만 자 내외로 맞추겠다고 하네요. 30만 자는 어디로 간 걸까요. 처음 쓴 중편소설은 몇 군데 문학상에 응모했으나 모두 떨어졌어요. 문학상에 떨어졌다고, 책이 되지 않았다고, 출판사에게 거절당했다고 부끄러워해야 할까요?

지운 문장은 있어도 사라진 문장은 없어요. 진실한 순간은 영혼에 새겨져요. 출판사에서 원하는 글이 무엇인지 배웠어요. 소설을 쓸 때 어떤 점을 유의해야 하는지 깨달았어요. 독자에게 다가갈 수 있는 글이 무엇인지 조금씩 알아가고 있어요. 성과는 없었지만 의미 없는 일은 아니죠. 낭비가 아닌 낭만이었어요. 낭만이 밥 먹여주지 않는 걸 알 만큼 나이 먹었지만, 낭만을 포기할 만큼 늙진 않았기에 오늘도 포기하지 않고 글을 써요. 당신을 자꾸 뒤돌아보게 만드는 건 무엇인가요. 노력해도 되지 않은 일들인가요. 아니면 노력조차 해보지 않은 일이던가요. 써도 후회 안 써도 후회라면 이왕이면 쓰고 후회하세요. 미련 따윈 남지 않을 만큼 매달려 보세요. 문장은 쓰면 쓸수록 늘어요. 글은 보면 볼수록 좋아져요. 이야기는 버리면 버릴수록 단단해져요. 하얀 종이는 작가에게 매일 몸을 던져 채워야 할 바다죠. 나를 믿어야만 쓸 수 있고 계속 의심해야만 쓸 수 있어요. 문장을 지울 때마다 자신을 깎아내는 기분이지만 버린 문장들만큼 단단해지죠. 작가의 긍지는 그가 버린 문장에 깃드니까요. 당신이 내쉰 한숨만큼 문장은 단단해져요. 당신이 흘린 눈물만큼 이야기는 짙어져요. 당신의 밤은 누군가의 그늘이 될 거예요.

ⓦⓣ **당신이 처음 죽음을 생각했던 때는 언제인가요.**

어떤 일이 있었나요. 왜 그런 생각까지 하게 되었으며 어떻게 극복했나요.

트레이닝
Step 44

의식의 흐름대로 쓰기

생각을 해방시켜주세요. 그래야 글을 쓸 때 '답답하지' 않아요. 이성은 판단하고 평가하고 이해하려 들지만, 의식은 느낌 그대로 표현하지요. 아귀만 맞추려 들면 놀라운 글은 쓸 수 없어요. 범죄자가 경찰에 잡혀 감옥에 갇히는 뻔한 이야기가 되어 버려요. 하지만 범인 앞에 뜻밖의 조력자가 나타난다면? 천재지변, 다른 시대, 이상한 마을, 외계인, 악마와 마주한다면 어떨까요? 일단 쓰고 말이 되게 만들면 돼요. 말도 안 되는 소리가 놀라운 이야기가 될 거예요. 중요한 건 흐름을 놓치지 않는 거죠. 편집자를 잠재우고 의식을 자유롭게 해주세요. 무슨 이야기를 해도 들어주세요. 의식의 흐름대로 쓰는 건 자각몽 상태와 비슷해요. 의식은 깨어있지만 글의 흐름에 개입하지 않고 그저 옮겨 적는 거죠. 잠재의식이 이야기를 끌고 가게 내버려 두세요. 어디로 갈지 결정하지 마세요. 상상도 못 했던 곳에 닿을지도 몰라요. '아내가 떠났다.'는 문장이 떠올랐다면 '남편이 잠들면 기억을 잃기 때문이다. 기억 상실의 이유는 아이가 죽었기 때문이다. 그래서 아내가 떠났고 남자도 어디론가 떠난다. 남자는 동물원에 간다. 코끼리에 끌린다. 사육사 여자가 말을 건다. 사실 여자의 아버지도 사육사였다. 동물원 코끼리에게도 남자와 같은 사연이 있었다.' 는 식으로 쭉쭉 써나가는 거죠. 아내가 떠났다는 한 줄에서 이야기가 시작되었죠. 어디로 가게 될지 몰라요. 물론 흐름이 끊기거나 엉뚱한 곳에 도착할 때도 많아요. 푸른 바다 대신 시궁창에 처박힐 때가 훨씬 많아요. 그래도 훈련을 계속하면 조금씩 나아져요. 하루키는 양 사나이가 나타나서 놀랐다고 하죠. 다자키 쓰쿠루가 떠날 줄 몰랐다고 해요. 용을 그리려고 노력하다 보면 뱀 꼬리 하나는 기막히게 그릴 수 있겠지요. 뱀이 허물을 벗듯이 조금씩 성장하게 되겠지요. 제대로 옮겨 적을 때까지 훈련을 계속하세요.

의식의 흐름대로 쓰기

마음 가는 대로 쓴다는 말 어렵게 생각할 필요 없어요. 친한 친구와 자기 할 말만 하는 수다라고 생각하세요. 얼마 전 <바닷마을 다이어리 in 통영>이란 에세이를 읽었어요. 그걸 보고 바닷마을 다이어리란 영화까지 보게 되었죠. 지금부터 생각나는 대로 써 볼게요.

'나 얼마 전에 바다마을 다이어리 in 통영이란 에세이를 읽었는데 신기하더라. 통영에서 한 달 살기를 하고 간 사람이 쓴 책이었는데 내가 사는 곳 근처에서 지냈더라고. 내가 가는 도서관에도 가고 내가 걷는 해안로에서 러닝도 하고 그랬다나 봐. 나에게는 당연한 일상의 풍경이 누군가에게는 일상이 힘들 때마다 꺼내 볼 여행의 장면이라 생각하니 신기하더라.'

"진짜? 나 몇 년 전에 똑같은 제목의 바닷마을 다이어리란 영화 본 적 있는데 히로세 스즈 진짜 예쁘더라."

'맞다. 나도 예전에 그 영화 봤는데 까맣게 잊고 있었네. 네 자매가 정원이 있는 옛날 집에서 사는 영화 아니야?'

"그래, 거기서 매실도 따먹고 벚꽃 구경도 하고. 난 아파트보다 주택이 좋더라. 편리함보다 편안한 게 최고니까."

'행복을 보여주는 게 아니라 행복을 주는 영화였어. 두 시간 치 행복 꾸러미. 내내 미소 짓던 기억이 나. 자극적인 장면이나 충격적 사건이 없어도 아름답다는 거. 평화로워 보이는 일상이라도 저마다의 아픔을 품고 살아가잖아. 잔잔한 파도처럼 예뻤던 영화였어. 우리 학교 다닐 때 하야오의 작품을 만났던 기억이 나더라. 아. 매실주 마시고 싶다.'

"조제, 호랑이 그리고 물고기들도 재밌었는데."

이런 식으로 쓰는 거예요. 또 다른 나에게 이름을 붙이고 대화를 이어가는 것도 방법이에요. 잘 안되면 어때서요. 다시 글을 쓰는 거죠. 의식의 흐름대로 쓰는 게 어렵지 않다는 걸 느끼는 게 중요하죠. 문장에 집착하고 완성도를 신경 쓰다 보면 앞부분만 새까만 수학책처럼 되어버리니까요. 마음 가는 대로 쭉쭉 밀고 나아가세요. 나중에 찬찬히 길을 고르면 되니까요. 어떤 문장을 쓸지 생각하느라 시간을 낭비하는 대신 아무 문장이라도 몇 개 쓰고 문장을 보며 생각하세요.

ⓦⓣ 플롯을 훔쳐볼까요.

좋아하는 동화가 있나요. 일단 <신데렐라>를 가져와 볼까요.

당신이 여기로 데려온 신데렐라의 직업은 무엇인가요? 이름은요? 외모와 성격은 어떻죠? 말투는요? 그녀가 사는 곳은 어디죠? 무엇을 꿈꾸는 사람인가요? 가능한 자세하게 적어보세요. 계모와 언니들(꼭 언니일 필요는 없어요.)의 이름은 무엇인가요? 어떤 식으로 신데렐라를 괴롭히나요? 유리 구두는 무엇으로 할까요? 왕자님은 어디에 있나요? 어떤 사건으로 둘이 만나게 되나요? 인물에 관한 메모가 끝나면 이야기를 써보세요. 신화를 재해석하거나 전설 속 캐릭터를 현대로 데리고 와보세요.

트레이닝
Step 45

글쓰기가 두려워질 때

　글쓰기가 두려울 때가 있어요. 시험 전날에 공부 빼고
는 뭐든 재미있잖아요. 딱 그 느낌이에요. 글쓰기 빼고는 다
할 수 있을 것 같아요. 노트북을 열기 두려워서 밥솥 안을 청
소하고 창틀을 닦기 시작해요. 아무것도 쓰지 않고 그냥 자
버리고 싶어요. 글 따위 때려치우고 싶어요. 나 같은 게 무
슨 글을 쓴다고, 이미 세상은 책으로 넘쳐나는데, 인생을 낭
비하고 있는 건 아닐까. 부정적인 감정에 휩싸일 때는 기분
이 나아질 때까지 걸어요. 산책을 하고 돌아와 노트북을 열
어요. 그래도 두려울 때면 주전자를 올리고 끓는 물을 지켜
봐요. 머그컵에 티백을 넣고 차를 우려요. '그래, 차 한 잔 마
실 동안만 써보자. 아무것도 쓰지 못해도 좋아. 적어도 도망
치지는 말자.' 글이 써지지 않을 때 온갖 방법을 시도해 보세
요. 펜을 쥐고 주문을 외우세요. '그래, 지금은 나를 위한 시
간이야. 아무도 이 시간을 방해할 수 없어. 나 자신조차도 방
해하게 내버려 두지 않겠어.' 되뇐 다음 시작하세요. 가끔은

아무것도 쓰지 못해도 괜찮아요. 적어도 당신은 당신의 꿈으로부터 도망치지 않았으니까요. 마음에 들지 않으면 어떤가요. 마음을 다한 순간이 있었는데요. 당신에게도 그러한 순간이 올 거예요. 벽에 부딪치고 막다른 골목에 들어설 때가 올 거예요. 무너질 것 같은 순간이 있을 테지요. 그건 당연한 거예요. 자연스러운 성장통을 겪고 있다는 사실만 잊지 마세요. 좋은 글을 쓰기 위해 겪는 과정이죠. 부디 포기하지는 않기로 해요. 쓰러지더라도 원고지 위에서 무너지도록 해요. 지더라도 물러서지 않겠다는 마음가짐이면 돼요. 그냥 한 줄만 써보는 거예요. 쓰면 나아가게 되어있어요. 펜을 들고 눈앞의 여백에 맞서세요. 한 줄씩 길을 이어가세요.

트레이너 팁 작가에게 불행이란

작가에게 불행은 소재에 불과해요. 괴로운 일이 생기면 생활인으로서의 나는 슬퍼하지만, 작가인 나는 소재가 생겼다며 기뻐해요. 글쓰기를 위해 못 겪을 일은 없다고 생각하죠. 여전히 힘든 일은 일어나지만 '운명이 소재를 던져줬구나, 이 글감을 갖고 어떤 이야기를 풀어내는지 지켜보라며' 기뻐하는 또 하나의 내가 있어요.

ⓦ↑ 영화에 대해 이야기해 볼까요.

처음 본 영화는 무엇인가요. 어떤 장르의 영화를 즐겨 보나요. 인생 영화를 몇 편 뽑아보세요. 언제 어디서 누구와 봤으며 그날 분위기는 어땠나요. 그 시절의 분위기는 지금과 다른가요. 각각의 영화를 볼 때 인생에서 어떤 시기를 보내고 있었나요. 영화는 당신에게 어떤 영향을 끼쳤나요. 뇌리에 강렬하게 새겨진 장면이나 잊지 못할 대사로 글을 시작해 보세요.

트레이닝
Step 46

작가의 단어장 part 1

단어 어려운 단어를 쓰지 마세요.

독자에게 지적 수준을 자랑하지 마세요. 아무 이유 없이, 아무도 쓰지 않는 어휘를 쓰면 누구도 당신의 글을 읽지 않을 거예요. 진정 이해한다면 쉽게 말할 수 있어요. 물론 풍부한 어휘는 작가의 보물 상자에요. 항상 사전을 가까이 두세요. 책을 읽을 때 메모지를 옆에 두세요. 모르는 단어는 검색해 보세요. 하지만 중요한 건 진심임을 잊지 마세요. 죽은 단어를 끌고 오는 것보다 살아있는 언어에 진심을 담는 게 나아요.

문장 가능한 짧게 쓰세요.

주어 + 서술어면 돼요. 그럴듯한 문장을 쓰려다 독자들을 혼란에 빠뜨리지 마세요. 간결하게 쓰세요. 반드시 소리 내어 읽어 보세요. 문장에 없어도 될 부분을 모조리 빼세요. 오히려 단단해져요. 멋진 문장을 쓰려는 마음이 글쓰기를 망치고 창작을 어렵게 만들어요. 단순한 문장을 이어 이야기를 만드세요. 문장 사이에 자연스럽게 의미가 깃들 거예요. 진정 아름다운 사람은 장신구가 필요 없죠. 진실한 문장은 미사여구가 없어도 빛나요.

(W)(t) 연예인이나 정치인처럼 유명한 사람을 당신 곁으로 데려오세요. 당신이 다가가도 돼요. 우연한 만남을 만들어 보세요. 그들의 얼굴, 말투나 표정, 옷차림, 걸음걸이를 관찰해서 디테일을 보강하세요. 그들과 만나 발생하는 사건에 대해 쓰세요. 그들 때문에 일어난 소동을 상상해 보세요. 당신의 욕망을 마음껏 해방시켜 보세요.

트레이닝
Step 47

작가의 단어장 part 2

행간 작가가 읽는 이의 뜻대로 채우도록 비워놓은 공간이
죠. 작가가 지우고 버린 문장들이 그 사이에 있어요.

소재 매개체라 생각하세요. 매개체는 둘 사이를 맺어주는
역할을 하죠. 극장이 예술가와 대중을 이어주듯이 소재는
삶과 글을 이어주죠. 어떤 매개체를 사용해야 자신을 드러
낼 수 있는지, 그것을 빼면 당신을 설명할 수 없는 소재를 찾
으세요. 오랫동안 지속해 온 일이나 강렬했던 사건, 깨달음
을 구체화할 수 있는 이름을요. 좋은 소재는 미끄럼틀이죠.
신나고 유쾌해요. 크게 힘을 들이지 않아도 이야기를 밀고
갈 수 있어요. "이런 것도 글이 된다고?" "이런 걸 써도 괜찮
을까?" "이런 이야기를 해도 될까?" 싶은 소재가 있다면 그
게 당신이 써야 할 이야기예요.

독자 누군가를 생각하며 써야 글이 일기 수준에서 벗어나

요. 적어도 편지 이상의 글이 되겠지요. 세상의 모든 글은 누군가가 읽어주길 바라며 쓰이지요. 일방적으로 선언하는 대신 고백하는 글을 쓰세요.

작가 "당신도 쓸 수 있다"는 말만 장황하게 늘어놓은 책을 천 권 읽어도 작가는 되지 못해요. 한 줄씩 문장을 이어가세요. 하루 10분만 집을 정리해도 삶의 질이 달라져요. 하루 10분 마음을 정리하면 삶의 방향이 달라져요. 딱 한 줄만 쓰면 된다고 마음 편히 먹은 다음 의자에 앉으세요. 오늘 한 줄이라도 썼다면 당신은 작가에요. 어디로 가든 길이 되듯이 무엇을 쓰건 글이 돼요. 언제 작가가 될까요? 글로 생계를 꾸려나갈 수 있을 때? 대중에게 이름을 알렸을 때? 하루 종일 글만 쓸 때? 글쓰기에 전념하는 순간이에요. 하루에 십 분밖에 글을 쓰지 못하더라도, 글 쓰는 십 분을 위해 산다면 그는 작가죠.

고통 당신이 겪는 고통은 글을 쓰는 모두가 느끼는 아픔이에요. 당신이 느끼는 아픔은 창작의 고통이죠. 창작의 고통을 통과하지 않는 작가는 없어요. 당신은 작가만이 느낄 수 있는 통증과 마주한 거예요.

(w)(t) **뉴스는 소재의 보물창고에요.**

뉴스에 나오는 사건이나 사고를 그냥 흘려보내지 마세요. 사고의 뒷이야기를 상상해서 써보세요. 사건의 진실을 뒤틀어 써보세요. 오늘 뉴스에서 본 사건에 대해 쓰세요. 형식은 상관없어요. 사회현상에 대한 의견을 피력하는 논설문도 좋고, 사건 당사자의 처지에 공감하는 에세이도 좋아요. 자신에게 일어났다면 어떨지 상상해서 짧은 소설로 써도 좋아요.

트레이너 팁 실제 일어난 사건을 소설 형식으로 전환해서 쓰는 것도 좋은 훈련이에요.

신문 기사는 실체를 가진 사건을 전문가가 육하원칙에 따라 작성하고 편집자가 검토한 서사죠. 완벽한 소재를 내버려 두면 손해예요. 흥미로운 사건을 골라 스토리를 입혀보세요. 시대적 상황은 어땠는지, 왜 그런 일이 일어났는지, 사건 이면의 진실이 무엇일지 상상해 보세요. 사건 당사자들은 어떻게 살고 있을까요. 그들은 어떤 심정일까요. 사건 깊숙한 곳에 숨겨진 진실을 파헤쳐 보세요. 사건 당사자에게 공감해 보세요. 사건을 우리나라에 한정할 필요는 없어요. 해외 토픽을 우리나라에서 일어난 사건으로 만들어도 괜찮아요. 당신이 아는 사람들을 사건의 중심에 데려다 놓을 수도 있어요. 당신이 직접 당사자, 관찰자, 해결사로서 사건에 개입해 전혀 다른 이야기를 만들어 낼 수도 있어요.

트레이닝
Step 48

작가의 단어장 part 3

제목과 챕터 제철소와 위고, 코난북스에서 협업해 출간하는 아무튼 시리즈를 좋아해요. <아무튼, 하루키> <아무튼, 메모> <아무튼, 뜨개> <아무튼, 달리기> <아무튼, 비건> 등 개인의 취향과 경험, 가치관이 '아무튼'의 깃발 아래 모여 있지요. 당신이라는 사람을 보여줄 수 있는 소재는 무엇인가요. 당신을 관통하는 '아무튼'은 무엇인가요. 그것을 빼고서는 지금껏 살아온 삶을 설명할 수 없는 ○○○, 일단 제목을 적으세요. 대충 챕터를 잡아보세요. 나중에 제목도 챕터도 얼마든지 수정할 수 있으니까요. 잘 알아서 쓰는 게 아니라 쓰면서 알게 되는 거니까요.

인용 다른 사람의 '말'로 가득한 책을 신뢰하지 않아요. 서툴러도 자신의 글을 쓰는 사람이 좋아요. 간절히 하고 싶은 이야기가 있어 책을 쓰는 게 아닌가요. 책 안에 자신의 모든 것을 집어넣으려면 페이지가 부족하지 않나요. 타인의 문장에 기댄 이야기는 위태로워 보여요. 타인의 말을 곁들일 수는 있어도 타인의 말이 처방전이 될 수는 없어요. 타인의 문장을 빌려오기 전 먼저 자신을 들여다보세요. 글의 신뢰도는 유명인의 권위나 타인의 문장이 아닌 당신의 진심에 달려 있어요. 타인의 말로는 나를 세울 수 없음을 기억하세요. 우리는 끊임없이 타인의 문장을 읽고 공부하고 거기에서 영감을 얻어야 해요. 하지만 타인의 문장으로 자신의 이야기를 끌고 가서는 안 돼요. 그래서도, 그럴 수도 없어요. 물론 인용이 꼭 필요한 경우도 있어요. 트렌드를 예측하는 책을 쓰려면 미래학자들의 이론을 인용하는 편이 낫죠. 독서에 관한 책을 쓰면서 작가의 말이나 문장을 예로 들지 않을 수 없죠. 글쓰기를 돕는 책을 쓰려면 위대한 작가들의 사연을 곁들이는 편이 낫죠. 하지만 질문해야 해요. 반드시 이 문장이 필요한가? 인용이 최선인가? 다른 대안은 없는가? 인용을 빼고 이야기할 수 없는가? 당신의 이야기는 특별해요. 다른 사람의 글을 습관적으로 인용하지 마세요. 타인의 문장을 빌리지 말고 그곳에서 출발하세요. 다른 이의 문장으로 여백을 채우려 하지 마세요. 어설픈 인용은 귀한 손님을 집에 초대해놓고 가게에서 사 온 음식을 내놓는 것과 다를 바 없어요. 직접 만든 요리를 대접하는 게 최소한의 예의 아닐까요. 색을 내는데 그쳐야지요. 맛을 내는 용도로 쓰면 곤란

해요. 솜씨보다 정성이 사람을 감동시키죠. 당신의 문장을 쓰세요. 작가라면(작가가 되려는 사람이라면) 자신의 원고가 '타인의 글을 소개하는 자리'가 아니라는 사실 정도는 알고 있어야죠. 꼭 필요한 곳이 아니라면 쓰지 않아야 하고, 쓴다 하더라도 그곳에 반드시 쓰여야 할 이유가 있어야 해요. 그것도 인용하기 전에 그에 상응하는 다른 문장을 떠올리기 위해 부단히 노력한 뒤의 일이지요.

ⓦⓣ 유년 시절 애착했던 물건이 있나요.

왜 갖고 싶었는지, 어떻게 갖게 되었는지, 누가 그것을 주었는지, 물건과 관련한 사연이 있는지, 지금 그 물건은 어디에 있는지, 왜 그곳에 있는지 쓰세요. 물건이 없다면 어디서 왜 잃어버렸는지, 애정이 식었다면 어떤 계기였는지 쓰세요. 물건이 당신의 성장 과정에서 어떤 의미였는지 쓰세요.

트레이닝
Step 49

> 꼭지 제목은 문장으로

　　바다, 아버지, 사랑, 죽음 같은 막연한 단어 대신 문장으로 구체화하세요. '바람이 불어도 강은 바다에 닿는다.' '아버지는 택시 운전사였다.' '잃어버린 것은 사라지지 않는다.' '유서를 쓰고 밥을 짓는다.' 문장으로 시작하면 매끄럽게 다음 문장으로 이어져요. 구체화하면 선명해져요. 선명해지면 묘사하기 쉬워져요. 무엇을 써야 할지 자연스럽게 떠오르죠. 문장으로 제목을 지으면 글이 나아갈 방향이 보여요. 문장으로 꼭지 제목을 짓고 글을 시작하세요. '사랑'보다 '나를 아프게 한 사랑'이라고 쓰세요. '거리' 대신 '우리가 걷던 신촌 거리'라고 쓰세요. 그래야 가야 할 길이 보여요. '햄버거를 먹는 다섯 가지 방법'이라는 제목을 쓰면 콩나물국밥 이야기를 하지 않게 돼요. '중국집에서 생긴 일'이란 제목을 달면 짬뽕과 짜장 이야기에서 고량주 이야기까지 이어져요. 그냥 '음식'에 대해 쓰는 것보다 훨씬 근사한 글을 쓸 수 있어요.

ⓦⓣ 당신에게 상처를 입힌 사람을 떠올려보세요.

그의 입장에서 상황을 재구성해서 써보세요. 그가 왜 그런 말을 했는지, 왜 그런 행동을 했는지. 힘들면 그만둬도 좋아요. 억지로 꺼내다 상처가 터져버릴 것 같다면 내버려 둬도 괜찮아요. 하지만 일단 쓰기로 결심했다면 철저히 그의 편에서 써야 해요.

트레이닝
Step 50

종이 위에서 생각하기

망설이지 말고 일단 쓰세요. 지금 쓰는 한 줄이 어떤 이야기가 될지 몰라요. 지금 낚싯줄에 걸린 게 무엇인지 확인하세요. 구멍 난 장화일 수도 있고 해초 뭉치일 수도 있지만 낚싯대를 던지는 만큼 근육이 붙을 거예요. 쓰는 요령을 익히게 되고 문장은 단단해질 거예요. 부끄러워 말고 계속 쓰세요. 지금 쓰는 문장의 가치를 판단하지 마세요. 쓰는 행위보다 위대한 일은 없어요. 발길 닿는 대로 걸어도 길이 되듯이 마음 가는 대로 써도 글이 돼요. 이런 것까지 써도 될까 고민할 필요 없어요. 좋았건 나빴건 모든 순간이 당신의 인생을 이루듯 모든 문장이 당신의 이야기가 될 테니까요. 시작한 글을 완성하세요. 말과 달리 글에는 형태가 있어요. 머릿속을 맴도는 잡념을 나열하면 선명한 개념이 되죠. 인생을 쏟아내고 감정을 풀어내세요. 두 눈으로 직접 보며 생각을 정리하세요. 의식의 흐름을 막지 마세요. '매화가 지더니, 벚꽃도 떨어졌네. 비 온 뒤 초록 잎이 반갑네. 찰랑거리는 파도. 무당벌레 난다. 바람이 좋다.' 걸으며 본 풍경을 아무 생각 없이 기록하는 거예요. 시가 될지 수필이 될지 몰라요. 그냥 지워질 수도 있지만 글쓰기 근육은 쓴 만큼 성장해요. 숨 쉬기를 의식하는 사람은 없어요. 잘 쓰려고 하기에 힘들어지는 거죠. 왼발 오른발 순서를 따지며 걷지 않듯이 "아무 생각 없이" 머릿속 문장을 옮기세요. 일단 옮기는 행위에 익숙해지면 어느 순간부터 이야기는 자연스럽게 바깥으로 흘러나오기 시작해요. 마음에 드는 문장이 아니라도 괜찮아요. 마음을 다한 문장을 이어가면 돼요.

1. 시가 되거나

매화 진 자리에도
벚꽃 떨어진 자리도
초록 돋네.
뜨거웠던 마음도
초록이 되네.
눈부신 것들은
다들 초록이 되네.
푸른 것들 가지 말라
삶을 붙드네.

2. 수필의 도입부가 되거나

'매화가 지더니, 벚꽃도 떨어진다. 비 온 뒤 초록 잎이 반갑다. 무당벌레가 무릎에 앉았다 날아간다. 바람 좋은 날 강아지를 산책시키는 사람들. 햇살 좋은 일요일 오후 2시의 풍경. 어떤 꽃이 피었던 자리인지 가리지 않고 초록은 온다.'

3. 소설의 대화 부분에 쓸 수도 있죠.

"어제 비가 와서 매화도 지고 벚꽃도 졌네. 봄꽃은 너무 아쉬워"

'그래도 그 자리에 돋은 초록을 보면 왠지 기분 좋지 않아?'

　　탈무드에 이런 이야기가 나와요. 어떤 학생이 랍비에게 탈무드를 읽을 때 담배를 피워도 되는지 물어요. 랍비는 신성한 경전을 읽으면서 담배를 피우는 건 허락할 수 없다고 하죠. 다른 학생이 찾아가 물어요. "담배를 피울 때에도 탈무드를 읽어야 합니까?" 랍비는 당연히 그래야 한다고 답하죠. 말장난 속에 숨겨진 지혜가 있죠. 어떻게 바라보는지에 따라 이야기는 달라져요. 글쓰기도 마찬가지 아닐까요. 담배를 피울 때에도, 술에 취했을 때에도, 길을 걷다가도 문장을 생각하고 메모를 계속하세요. 글을 쓰는 건 우물에서 물을 길어 올리는 일과 비슷해요. 물은 끊임없이 차오르죠. 오히려 물을 퍼 올리지 않으면 말라버려요. 머릿속에 든 생각

중에 지워야 할 생각은 없어요. 당신 인생 중에 없어도 좋았을 순간은 없었어요. 당신이 경험한 순간을 장면으로 전환하세요. 일단 한 문장을 쓰세요. 머릿속에서 글을 쓰지 말고 종이 위에서 생각하세요.

ⓦⓣ 카드 뉴스처럼 글쓰기.

지금까지 쓴 글 중 하나를 골라 카드 뉴스 형태로 글을 바꿔보세요. 단, 열 줄을 넘기지 마세요. 세 편의 글을 골라 바꿔 써보세요. 애플리케이션을 이용하세요. 카드 뉴스 형태로 글을 쓴 뒤 이전 글과 비교해 보세요. 글의 호흡은 어떤가요? 메시지가 잘 전달되나요? 변화가 느껴질 때까지 연습해 보세요.

트레이닝
Step 51

> 작가의 사전에 '쓸모'라는 단어는 없다

　아버지에 대한 소설을 쓰고 싶었어요. 몇 년간 얼굴도 보지 못한, 말 한마디 남기지 않고 떠난 그에 대한 이야기를 쓰지 않으면 미칠 것 같았어요. 써야만 했어요. 부모님의 사랑 이야기는 흥미로웠고 두 분의 삶은 충분한 서사를 갖고 있었죠. 그들이 몇십 년간 헤쳐 온 여정을 따라가기만 해도 소설이 될 거라 생각했어요. 가족 앨범을 뒤지고, 오래된 편지를 꺼내고, 주말마다 어머니의 이야기를 들었어요. 몇 개월에 걸친 작업이었죠. 아픔을 마주하는 건 괴로웠지만 꾸역꾸역 문장을 이어 나갔어요. 원고지 700매, 12만 자 남짓의 중편 소설을 완성했어요. 이게 무슨 일인가요. 재미도 없고 감동도 없었어요. 퇴고하기조차 부끄러울 정도였어요. 몇 군데 공모전에 응모했지만, 답은 없었어요. 쓰고 싶었지만, 아직 쓸 수 없는 이야기였던 거죠. 어쩌면 소설이란 형태가 나와는 맞지 않는 건지도 몰라요. 하지만 몇 개월 동안 공들여 쓴 시간을 후회하지는 않아요. 이야기를 들으며 어머니와 따뜻한 시간을 보낼 수 있었으니까요. 조금은 아버지를 이해할 수 있게 되었고 그를 떠나보낸 아픔을 받아들이게 되었어요. 몇몇 에피소드는 에세이의 형태로 출간되었어요. 중요한 건 이야기 하나를 '완결' 해냈다는 체감이었어요. 짧지 않은 이야기를 완결해낼 수 있다는 체감이 어떤 상보다 소중했어요. 이야기를 완결하기 전까지 알지 못했던 세계의 문을 연 느낌이었어요. 비록 누구에게도 보여주지 못할 원고를 완성했을 뿐이지만 '나도 이야기를 쓸 수 있다.'는 사실을 알아낸 건 커다란 성취였어요. 글쓰기 근육을 길러야 한다는 걸 실감했어요. 단편소설 한 편도 완결해 본 적 없는 사람이 갑자기 장편을 쓰려는 건 욕심이라는 걸 알았어요. 초등학교 운동장을 겨우 뛰는 사람이 하프마라톤에 참가한 셈이었어요. 5킬로미터를 뛰고, 10킬로미터를 뛰다가 하프마라톤에 참여했다면 어땠을까요. 지금은 단편소설을 쓰고 있어요. 단편 몇 개를 완성하는 것부터 시작할 생각이에요. 남들에게 보여주지 못할 형편없는 글이 쌓일수록 남들에게 보여줄 만한 문장이 완성되는 거니까요. 일단 자신이 쓸 수 있는 글부터 시작하세요. 메모 한 줄, 짧은 이야기, 몇 줄짜리 시 한 편으로 체력을 기르는 거예요. 한 줄씩, 한 걸음씩 나아가는 거지요. 조금씩 쓰고 싶은 걸 쓸 수 있게 될 거예요. 쓸모없는 글은 없어요. 쓸모없다고 생각하는 순간 쓸 수 없게 돼요. 작가의 사전에 '쓸모'라는 단어는 필요 없어요. 판단은 의식의 흐름을 방해하죠. 평가는 글쓰기의 적이지요. '이 문장은 별로야.' '이런 이야기를 누가 읽어줄까.' '이런 글을 써도 될까.' 잡념이 문장이 나아갈 길을 가로막아요. 타고난 재능이 없으면 어때요. 타고 남은 마음이 없도록 마음을 다하면 충분해요. 애쓰지 마세요. 생각의 흐름에 몸을 맡겨 보세요. 지금 쓸 수 있는 것들을 꾸준히 쓰세요. 써야만 하는 이야기가 당신 눈앞에 나타날 때까지요.

Ⓦⓣ 당신이 가장 행복했던 시절은 언제인가요.
몇 살 때였나요. 그때가 아름답게 기억되는 이유는 무엇인가요. 그때 일상의 풍경은 어땠나요. 그 시절의 어느 날로 돌아가 하루를 시작해 보세요.

트레이닝
Step 52

작가가 알아야 할 사이트

　한국출판문화산업진흥원, 한국예술인복지재단, 아트누리 세 개의 사이트는 기억하세요. 아트누리는 문화체육관광부 산하의 기관으로 창작 지원은 물론 예술 공간과 교육 기회를 제공하며 고용 정보까지 얻을 수 있는 사이트이고, 한국출판문화산업진흥원은 매년 우수출판 콘텐츠를 선정하여 제작비를 지원하는 사업을 시행해요. 출판사가 아닌 개인 자격으로도 지원 가능해요. 인문교양, 사회과학, 아동 부문과 문학까지 전 분야에 걸쳐 모집해요. (2021년의 경우 2월 9일부터 2월 24일까지 공모했고, 2022년의 경우 2월 8일부터 23일까지 신청 받았어요. 온라인 신청서 작성 ⇨ 온라인 신청서 출력 ⇨ 오프라인 제출의 순으로 이루어져요. 저자 당 최대 2편까지 가능해요.) 예술인복지재단은 예술인의 복지 전반에 관한 도움을 줄 수 있는 사이트에요. 예술 활동 증명을 통해 예술인 패스를 받을 수 있어요. 예술 관련 할인은 물론 각종 정부 사업에서도 유용하게 쓰여요. 생활 자금을 저렴한 금리로 대출해주고 일 년에 두 번 선정사업을 통해 창작지원금을 지급해요. 예술인 파견 지원 사업이나 사회 보험료 지원 등 다양한 사업을 진행하니 꼭 방문해 보세요.

Ⓦⓣ 당신이 아끼고 좋아하는 물건이나 상황, 행동, 장소, 사람 등의 이름을 다섯 개 적은 다음 하나를 지우세요. **지운 단어에 관한 생각이나 에피소드를 적어보세요.**

트레이닝
Step 53

> ## 당신 방에서 편집자를 쫓아내세요

글을 쓰기 전에 거름망부터 치워야 해요. 좋은 글을 쓰겠다는 다짐을 버리세요. 잘 쓸 필요 없어요. 자연스럽게 말하듯이 쏟아내고 거기에서 골라내세요. 자기도 자신을 모른다고 하죠. 머릿속에 뭐가 들었는지 알려면 일단 밝은 곳으로 꺼내야 해요. 놀라운 아이디어도 뜻밖의 문장도 그곳에 있어요. 사람은 창작과 비평을 동시에 할 수 없어요. 당신 방에서 편집자를 내보내지 않으면 한 문장도 쓸 수 없을 거예요. 창작의 방에는 작가만 들어가야 해요. 태어나지도 않은 아이에게 죄를 묻지 않듯이, 쓰기도 전에 당신의 글을 판단하지 마세요. 문장이 세상에 나오도록 허락하세요. 당신의 글을 위대한 작가가 수백 번 퇴고한 작품과 비교하지 마세요. 위대한 작품도 수백 번의 퇴고가 있었기에 완성된 거예요. 일단 글을 쓰세요. 지금에 집중하세요. 쓰기 전에 생각을 지우지 마세요. 무엇을 써야 할지 모르게 돼요. 쓴 글을 지우지 마세요. 어떻게 써야 할지 알 수 없게 돼요. 일단 쓰기만

166

하세요. 어디로든 가게 돼요. 계속해서 쓰면 어디로 가야 할지 깨닫게 돼요. 오늘 있었던 일을 오감을 동원해 쓰고 생각이나 느낌을 곁들이세요. 여기까지만 해도 잘한 거예요. 더 나아가지 않아도 괜찮아요. 적당한 때에 알맞은 주제를 찾으면 어느 순간 글이 알아서 써질 거예요. 글을 쓰는 도중에 고치지 마세요. 화장실에서 밥을 먹는 거나 마찬가지니까요. 창작과 퇴고는 불가분의 관계지만 결코 동시에 해서는 안 될 일이에요.

ⓦⓣ 어제 지운 이름이 세상에서 사라진다면 어떨까요.
그가(그것이, 그곳이) 사라진 세상을 상상하고, 그를(그것을, 그곳을) 잃은 삶이 어떨지 떠올려 보세요. 어제 쓴 에피소드로부터 이야기를 시작해 보세요.

트레이닝
Step 54

타인의 문장 맛보기

불닭볶음면을 개발하기 위해 연구원들은 1,200마리의 닭과 2톤 분량의 소스를 맛봤다고 해요. 전국 각지의 매운 맛 음식을 구해서 먹어보고 세계의 고추를 맛봤어요. 글도 마찬가지죠. 타인의 문장을 맛보세요. 적어도 자신이 내려는 분야의 책은 읽고 공부해야죠. 글쓰기에 관한 책은 모조리 읽고 있어요. 작가가 되어 좋은 점은 책을 읽는 것도 일이 된 것이고 슬픈 점은 읽기조차 일이 되어버렸다는 거예요. 작가에게 읽기는 취향이 아니에요. 글을 쓰는 사람에게 읽기는 의무에요. 작가가 쓴 책은 물론 출판사 대표나 편집자가 쓴 책도 읽어요. 인쇄에 관해 전문적으로 다룬 글을 살펴봐요. 실질적으로 도움이 되지 않는 경우도 많지만, 그들을 이해하려는 자세는 중요하다고 믿어요. 글쓰기에 관한 책이라면, 설사 책 한 권만 내면 억대 연봉을 벌 것처럼 말해도 꾹 참고 읽어요. 책 한 권만 내면 세상이 주목하고 새로운 기회가 줄줄 생겨나며 멘토가 되고 롤모델이 될 수 있다는 감언이설로 가득한 책이라도 읽어야 해요. 페이지마다 타인의 문장을 인용한 책이라도 읽어야 해요. 잘 모르겠으니 네이버에 검색하라는 책이라도 읽어야 해요. 적어도 어떤 글을 쓰지 않아야 하는지는 알 수 있어요. 쓸모없을지라도 의미 없는 일은 아닐 거예요. 작가는 끊임없이 공부해야 해요. 세상을 향해 자신을 열어두어야 하죠. 강물을 가리지 않는 바다처럼 꾸준히 읽으세요. 읽지 않으면 말라 버려요. 아무 정보도 얻지 못한 실용서라도 세상을 읽는 하나의 시선을 본 거예요. 한 번도 공감하지 못한 시집이라도 한 사람의 사유를 맛본 거지요. 작가는 자신의 경험과 상상을 파는 사람이지요. 작가는 책이라는 열매를 맺기 위해 끊임없이 꽃을 피우는 사람이지요. 열매는 독자의 것이니 작가에게는 메마른 가지만 남지요. 그러니 한껏 뿌리를 뻗어 물을 빨아들이고 해를 향해 잎을 펼치지 않으면 말라 죽고 말아요. 독서와 사색, 관찰을 병행하지 않으면 창작의 샘은 말라버려요. 열매는 작가의 몫이 아니지만 읽고 생각하고 쓰는 과정을 반복하면서 나무의 뿌리는 깊어지고 가지는 단단해질 거예요. 점점 속이 꽉 찬 열매를 맺게 되고 당신의 그늘에서 쉬어가는 사람들이 늘어날 거예요.

　　작가에게 읽기와 쓰기는 따로 떨어져 있지 않아요. 작

가가 쓴 책은 독자가 읽을 때 비로소 완성되죠. 작가는 쓰면서 자신을 읽어요. 독자는 읽으면서 작품을 재창조해요. 무조건, 책을 읽으세요. '어쩌면 이렇게 잘 쓰는 걸까.' 느낀 책에서 당신이 가야 할 방향을 가늠하세요. '이런 것도 글이라고 썼나.' 싶은 책에서 당신이 가지 않아야 할 길을 배우세요. 작가에게는 책 읽기도 일이 되어야 해요. 책을 읽을 시간은 한정되어 있는데 공부해야 할 책은 너무나 많기에 책을 읽는 기쁨을 포기해야 할 때가 있어요. 찬찬히 음미하며 삼키지 못하고 속독을 하거나 발췌해서 읽을 때도 있어요. 하지만 어쩌겠어요. 작가에게 읽기라는 행위는 쓰기를 위한 연료일 뿐인 걸요.

ⓦⓣ 당신이 경애하는 작가에게 편지를 쓰세요.

그의 글이 당신에게 어떤 의미였는지 쓰세요. 당신이 어떤 상황에 처해 있었으며, 어떤 문장이 당신을 흔들었는지 쓰세요. 이야기 속 인물에게 편지를 써도 좋아요.

트레이닝
Step 55

가볍게 쓰기

단문을 구사하세요. 부정문을 쓰지 말고 긍정문을 쓰세요. 군더더기 단어를 지우세요. 어지간하면 형용사를 쓰지 마세요. 마크 트웨인은 형용사를 발견하면 죽이라고 했고 볼테르는 형용사는 명사의 적이라고 했어요. 무조건 짧게 쓰라는 건 아니에요. '유서를 쓰고 밥을 짓는다.'를 '유서를 썼다. 밥을 지었다.' 로 바꾸면 맛이 사라지죠. '나는 살기 위한 각오가 필요했기에 유서를 써야만 했다.' 식으로 쓰지 않는 연습을 하자는 거죠. 짧게 쓰기 위해 아무것도 쓰지 말라는 뜻이 아니에요. 짧게 쓰는 게 쉽기 때문이에요. 다음 문장을 이어가기 편하기 때문이죠. 소리 내어 읽어보면 느낄 거예요. 읽기 좋은 호흡을 유지하는 거예요. 무조건 짧게 쓰라는 게 아니에요. 짧게 쓰는 것부터 시작하자는 거죠.

Ⓦⓣ 당신이 배우고 싶거나 경험하고 싶은 일에 대해 쓰세요. 당신이 잘 쓸 수 있는 글이 반드시 익숙한 소재가 아닐 수도 있어요.

오히려 당신이 흥미를 느끼는 분야일지도 몰라요. 관심 없는 주제를 쓰면 지칠 뿐이에요. 사람들 역시 공감하지 못할 테지요. 왜 그것을 배우고 싶은지, 왜 그것이 특별한 경험인지 쓰세요. 어떤 것들이 당신을 흥분시키는지 쓰세요.

트레이닝
Step 56

| 책상에 빈손으로 앉지 않기 |

　글쓰기는 가만히 앉아 영감을 기다리는 수동적 태도가 아니에요. 부지런히 글감을 찾고 모으는 능동적인 자세지요. 글을 쓰기 전에 미리 메모를 모아오세요. 먹을 것을 구하지 못한 어미 새의 마음이 계속되면 글쓰기가 두려워져요. 일단 앉았으면 뭐라도 쓰세요. 왜 빈손으로 오게 되었는지 쓰세요. 자리에서 일어날 때는 미련을 남기지 마세요. 모든 걸 털어놓으세요. 홀가분하게 벗어버리세요. 다시 글감을 모으세요. 하루 종일 글감을 모은다는 건 이런 식이에요. 외로움에 대해 쓰기로 했다면 그날 마주한 풍경을 외로움에 연결해요. 겹벚꽃도, 벚꽃 핀 자리에 돋은 초록도, 상추에 붙은 달팽이도, 자전거를 탄다는 행위도, 세탁기가 돌아가는 소리도 외로움의 풍경이죠. 외로웠던 때를 떠올려 봐요. 고독의 이유와 그때의 상황, 고독이 나에게 미친 영향, 외로울 때 듣는 노래, 외로움을 달래주는 장소, 고독에서 배운 것까지 닥치는 대로 써요. 이만하면 쓸 거리가 충분하다 싶을 때

173

까지요. 재료가 충분하면 든든해요. 재료를 조합해 무언가를 만들어 내기만 하면 돼요. 글감은 얼마든지 널려 있어요. 쇼핑하듯이 고르지 말고, '허기진 사람처럼 모조리 쓸어 담으세요.' 모은 재료를 늘어놓고 생각을 시작하세요. 뭐라도 적다 보면 낭신에게 필요한 글감을 골라 담을 수 있게 돼요. 쓸모없어 보이는 한 줄이 당신이 잊고 있던 이야기로 데려다 줄 거예요. 별 거 아닌 단어에서 당신이 해야 할 이야기가 시작될 거예요. 문장을 주물럭거리세요. 무지갯빛으로 물든 화가의 손처럼 당신을 단어로 채우세요. 문장을 다루려 하지 말고 글감이 스며들게 하세요. 특별한 단어를 찾는 대신 일상의 언어에 의미를 부여하세요. 메모하고 또 메모하세요. 글을 쓸 때 이어내기만 하면 되도록요. 아무 판단도 하지 말고 메모를 모으세요. 맞춤법이나 문법 따위 신경 쓰지 마세요. 영화를 보다가 쓰세요. 대화를 하다가 쓰세요. 밥을 먹다가 쓰고 길을 걷다가 쓰세요. 설거지를 하다가 쓰세요. 막연한 단어로 글을 시작하니 막막한 거예요. 인생에 대해 이야기하는 대신 오늘 저녁 메뉴부터 시작하세요. 사랑에 대해 말하고 싶다면 그에게 받은 첫 번째 편지를 펼치세요. 생각하고 쓰지 말고 쓰면서 생각하세요. 헤밍웨이에 대해 쓰려면 그가 쓴 작품을 읽고, 그에 대한 평론을 살펴보고, 그의 일대기를 검색하고, 그의 문장을 필사해야죠. 고향에 대해 쓰려면 옛집에 다녀오고, 오래된 사진을 꺼내고, 부모님과 대화를 나눠야죠. 쓸모를 따지지 말고 글감을 모으세요. 머리보다 두 발을 믿으세요. 글쓰기는 재능이 아닌 습관이에요. 발품을 팔아 글감을 모으고 손을 움직여 정리하세요. 오늘 한 줄 쓰고 그만두면 낙서지만 매일 쓰면 낙수가 돼요. 흐르는 물은 바위를 뚫고 길을 만들지요. 의미 없어 보이는 지금의 한 줄도 바다를 이루는 한 줄기가 될 거예요. 이딴 걸 쓰려고 낭비하나 싶던 순간이, 이런 걸 쓰려고 필요했던 시간이었음을 깨닫게 될 거예요.

ⓦⓣ 지금 사랑하는 사람에 대해 쓰세요.

어떻게 만났는지, 어떤 점에 이끌렸으며, 어떻게 사랑에 빠졌는지, 고백은 누가 했는지, 취향은 어떠한지, 무엇을 좋아하고 어떤 옷을 입는지, 당신을 어떻게 대하는지, 지금 만나는 사람이 없다면 최근의 사랑에 대해 쓰세요. 첫사랑과 지금의 사랑을 비교해 보세요. 달라졌다면 차이는 어디에서 오는지 생각해보세요. 당신에게는 어떤 변화가 일어났나요. 그때의 당신과 지금의 당신이 생각하는 사랑은 어떻게 다른가요. 어쩌면 당신이 걸어온 사랑의 역사를 쓰거나 정의를 내릴 수도 있겠네요. 당신이 생각하는 사랑. 당신이 꿈꾸는 사랑에 대해서도 이야기해 보세요. 사랑을 위해 당신이 한 일과 할 일들을 써보세요.

트레이닝
Step 57

모은 메모로 글쓰기

고모에게 전화가 왔다. 주말에 보자고 하셨지만 이번 주에 아버지 뵈러 간다고 했다. 기분이 어떠냐고 물으시기에 뭐 **즐겁지는 않죠.** 라고 대답했다. 오늘은 **아버지 기일**이다. 벌레 먹은 낙엽들을 밟고 계단을 오른다. 낙엽을 쓸고 있는 미화원, 바람이 낙엽을 푸른 바다로 날린다. **소나무에 걸린 낙엽들.** 전자책이 나왔다. 내년 **이맘때** 나는 어디에 있을까.

어제부터 오늘까지 기록한 메모의 일부예요. 진한 부분을 살펴보세요. 서글프고 쓸쓸한 기분을 느끼며 낙엽을 바라봤죠. 그러다 전자책이 나왔다는 소식을 들었죠. 작년 이맘때 영광에 갔던 기억이 떠올랐죠. 진하게 표시된 부분의 심상이 이어져 아래와 같은 초고의 일부가 되는 거예요.

이맘때가 모여 계절이 된다.

<이 년 전 오늘 아버지가 하늘나라로 떠났다. 작년 오늘에

176

는 가족 모두 아버지가 계신 영광에 다녀왔다. 올해는 전자책이 출간되었다. 내년에는 또 무슨 일이 있을까. 해마다 새로운 일들이 소복소복 눈처럼 쌓여간다. 언젠가 그 위에 눈부신 꽃이 필 것을 안다. 모든 이맘때가 모여 마침내 이곳에 오게 된 거겠지. 오늘 역시 어딘가로 가기 위해 반드시 필요한 순간이겠지. 다음으로 나아가기 위해 지금을 온전히 써 내려가야 한다. 어떤 하루를 보내건 진심을 다해 살아낸다면 분명 오늘 역시 반짝이는 이맘때가 되겠지. 삶은 생각보다 많은 이맘때로 이루어져 있다. 보잘것없다고 생각했지만 삶은 무수한 이맘때로 반짝거리고 있었다. 눈물로, 웃음으로, 그리움으로 새겨진 날들이 삶의 근사함을 증명한다. 지금도 생생한 날들. 이제는 괜찮아진 일들. 오늘은 세월이 흐르면 어떤 날로 기억될까. 어떤 색으로 물들일지 선택할 힘이 나에게 있다. 누구에게나 오늘을 구해줄 힘이 있다. 오늘에 진심이란 이름을 새겨 넣어야지. 좋은 일만 있지는 않지만 항상 무슨 일인가 일어났고 그 일들이 삶을 나아가게 했다. 즐겁지 않은 날은 있어도 아무것도 아닌 날은 없었다. 시간이 지난 후에 그래도 나쁜 것만은 아니었다고 말할 오늘을 만들어가야지. 설렘으로 가득하지 않아도 마음을 다해 살아낸 오늘도 그리운 날이 되겠지. 사람들이 떠나도 어김없이 계절은 돌아온다. 떠난 사람들은 지우지 못할 계절이 된다. 낙엽 져야 돋는 초록이 있겠지. 쓸어내도 사라지지 않는 추억이 있다. 흔들리면서도 쓰러지지 않고 여기까지

왔다. 낙엽 져도 지지 않은 초록이 있다. 아낌없이 나의 계절을 사랑해야지.>

ⓦ⚓ 몇 년 전 이맘때로 시작하는 글을 써보세요.

누구나 잊지 못할 날들이 있지요. 일 년 전 이맘때 가족을 잃었거나, 몇 년 전 이맘때 첫 출근을 했거나, 십 년 전 이맘때 결혼을 했거나, 몇 년 전 오늘 누군가가 태어났거나. 그때의 풍경과 지금의 마음 사이를 채워보세요.

트레이닝 Step 58

메모의 힘

'자, 이제부터 글을 써볼까.' 마음먹으면 부담스러워요. 그래서 틈날 때마다 써요. 책을 읽다가 좋은 문장이 나오면 메모해서 변주해 봐요. 영화 주인공의 대사에 답해보고 노래 가사가 좋으면 답가를 써요. 설거지 하다 떠오른 생각을 적고 산책을 하다 생각난 문장을 집에 돌아올 때까지 되뇌죠. 하루 종일 모은 문장을 노트북에 옮기는 시간은 짧게는 십 분 길어도 두 시간 남짓이에요. 일주일에 걸쳐서 한 편을 쓸 때도 있고 하루에 두세 편을 뚝딱 만들 때도 있지만 메모를 하지 않은 날은 한 번도 없었어요. 글을 쓰는 시간은 짧아도 글을 위해 쓰지 않은 순간은 없어요. 숨을 쉬고 걷는 것처럼 당연한 일이 될 때까지 메모하세요. 세상 모든 것이 단어고 문장이에요. 보름달이 뜨면 변하는 늑대인간처럼 사람은 글을 쓰는 동안에만 작가가 돼요. 아무도 부르지 않는다고 이름이 바뀌지 않아요. 누가 보지 않는다고 꽃이 시들지 않지요. 그렇지만 이야기는 쓰지 않으면 사라져요. 그러니 심

179

심할 때도 글을 쓰세요. 평화로운 풍경을 묘사하고 고요한 중에 들리는 목소리에 귀를 기울여보세요. 화가 나면 왜 화가 났는지 서술해 보세요. 슬픔의 감촉과 기쁨의 빛깔을 묘사해 보세요. 하루 종일 모은 글감을 꺼내 노트에 옮기기만 하면 돼요.

메모로 다양한 글쓰기를 할 수 있어요.

메모 부산에 갈 일이 있어 짐을 챙겨 나섰는데 늘 지갑을 넣어 두던 코트 왼쪽 안주머니가 허전했다 바깥 주머니에도 없었다. 집에 두고 온 줄 알았지만 없었다. 짐을 모두 풀고 온 집 안을 뒤지고 몇 번이고 왔던 길을 살피고 쓰레기통까지 뒤졌지만 보이지 않았다. 어쩔 수 없다고 생각하려는데 오른쪽 안주머니에 지갑이 있었다. 지금까지 있는 줄도 몰랐던 주머니다.

에세이 지갑뿐일까. 나를 잃어버린 줄 알고 헤맸지만 있어야 할 장소에 있었던 거다. 잃어버려도 잊지 않으면 여전히 내게 속한 거였다. 나를 잃어버린 줄 알았지만 나를 잊은 채 살았을 뿐이었다.

시

분실물

잃어버린 지갑을 찾아서

온 동네를 헤매고 다니다

집으로 돌아와 주저앉아

어쩔 수 없다고 포기할 때

울리는 벨 소리 같았다

오래된 너를 사랑하는 일은

소설   부산에 갈 일이 있어 짐을 챙겨 나섰는데 늘 지갑을 넣어두던 코트 왼쪽 안주머니가 허전했다 바깥 주머니에도 없었다. 집에 두고 온 줄 알았지만 아니었다. 짐을 모두 풀고 온 집 안을 뒤지고 몇 번이고 왔던 길을 살피고 쓰레기통까지 뒤졌지만 보이지 않았다. 담배를 피우며 바닥을 살피는데 회색 스타디움 점퍼를 입은 여자가 쭈뼛거리며 다가왔다.

Ⓦⓣ **당신에게 특별한 추억으로 남아있는 여행에 대해 쓰세요.** 어떤 게 좋았는지, 무엇을 먹고 보았는지, 누구와 함께였는지, 여행을 하게 된 계기는 무엇이었나요. 가능하다면 그곳으로 다시 찾아가 보세요. 그때 그 가게는 남아있나요. 아직 있다면 들어가서 음식을 주문해 보세요. 여행을 함께한 사람과 지금은 어떤 관계인가요.

트레이닝
Step 59

당신이 있는 그곳이 서재

　　당신이 글을 쓰면 그곳이 서재죠. 당신이 쓰고자 하면 그것이 소재예요. 당신이 당신 글의 주제예요. 상황을 탓하기보다 상황까지 글감으로 만드세요. 잉크나 종이조차 구하기 힘들던 시절에도 사람들은 글을 썼어요. 지금은 휴대폰만 있어도 쓸 수 있고 길을 걷다가도 펜을 공짜로 얻을 수 있는 시대니까요. 글을 쓰는 공간은 어디라도 상관없어요. 버스 정류장, 술집이나 카페, 도서관, 학교 어디라도 좋아요. 아무리 근사한 서재가 있어도 시간을 내어주지 않으면 죽은 공간이죠. 조앤. K 롤링은 부엌 식탁에서 글을 썼어요. 중국 작가 장지에는 변기 위에 판자를 올려놓고 소설을 썼어요. 글을 쓰지 않으면 소화 불량에 걸린 기분이 들어야 해요. 글쓰기는 자신에게 에너지를 돌려주는 일이에요. 글을 통해 우리는 자신과 대화하는 방법을 배워요. 음성인식 기술은 발전하지만 마음의 목소리에 귀를 기울이는 법을 잊어버리기 쉬운 시대죠. 글을 쓰며 자신의 목소리를 들으세요. 글은 사라지지 않아요. 세상에 자신을 남기는 일이에요. 당신의 경험과 사유, 신념을 글이라는 매개체를 통해 세상에 풀어내세요. 글은 당신의 삶을 풍요롭게 만들고 마음을 평화롭게 해요. 글쓰기는 몸과 마음을 이어주고, 당신과 삶을 이어주며, 사람과 소통하게 하고 세상과 연결시켜 줄 거예요. 당신에게 안부를 물으세요. 잡념을 놓아버리고, 상처를 보듬어주고, 자신에게 필요한 마음만 남기세요. 당신이 이 글을 읽고 있는 장소라면 당신을 위해 쓸 수 있는 곳이기도 해요. 자, 이제 당신의 일을 하세요. 작가들이 하는 바로 그 일을요.

ⓦ⬆ 카메라 갤러리를 열어보세요.

어떤 사진으로 채워져 있나요. 어디서 찍었는지, 누가 찍어 주었는지, 어떤 의미가 있는지 쓰세요. 갤러리는 당신이 관심을 가진 걸로 채워져 있을 테지요. 사진 하나를 골라 글을 쓰거나 전체적인 분위기를 설명해 보세요. 해설을 달아 보세요. 당신의 취향을 쓰세요. 보부아르는 내가 쓴 최고의 작품은 바로 내가 쓴 인생이라고 했죠. 당신이 쓸 수 있는 최고의 글은 당신이 사랑하는 것들에서 나와요.

트레이닝
Step 60

냅다 문부터 열어버리기

　자유롭게 쓰세요. 쓸 게 없으면 할 일 목록이라도 적으세요. 쇼핑 리스트를 쓰세요. 버킷 리스트도 좋아요. 지금 듣고 있는 노래의 가사로, 영화의 자막으로 문장을 시작해 보세요. 쇼핑 리스트에 운동화가 있다면 운동화에 대해 생각나는 대로 쭉쭉 쓰세요. 내용이 이어지지 않아도 괜찮아요. 운동용 나이키 에어 맥스, 외출용 스니커즈, 슬리퍼, 신발의 용도로 자신의 생활을 쓰거나, 아이 신발, 배우자 신발, 부모님 신발. 신발의 주인이 누구인지 밝히며 가족에 대한 이야기를 쓸 수 있지요. 신발에 얽힌 사연이나 신발이 닳아지는 동안의 변화를 쓸 수도 있겠네요. 버킷 리스트에 윙 워킹이 있다면, 도전하고 싶어진 계기를 쓰고, 언제 어떻게 시도할 계획인지 구체적으로 써보세요. 일단 써두고 실현하기까지의 과정을 기록하세요. 몇 달이 걸려도 상관없어요. 윙 워킹을 할 때의 기분과 해낸 뒤의 변화를 기록하면 완벽한 서사를 지닌 이야기가 될 테니까요. 멋지게 쓰려니 글쓰기가 어려워져요. 잘 쓰려고 하니 부담스러워요. 부끄러운 건 아무 것도 쓰지 않는 일이죠. 그것도 전업 작가에게나 해당되는 말이죠. 어떤 작가도 매일 명문을 쏟아내지 못해요. 진심을 담아 한 줄씩 쓸 뿐이죠. 고민하지 말고 일단 한 문장을 써버리세요. 글쓰기 여정의 목적은 보물섬을 찾는 게 아니니까요. 자신을 위해 쓴 시간은 당신을 위한 파도가 되죠. 당신이 쓴 글은 당신의 섬이 되죠. 그렇게 당신의 바다를 만드는 거예요. 글쓰기는 머릿속의 생각을 받아 적는 단순한 행위여야 해요. '마음이 흘러가는 대로' 내버려 두고 손만 움직이세요. 머릿속에 떠오른 단어를 키워드로 삼으세요. 근사한 문장으로 시작하지 마세요. 평범한 단어를 통해 특별한 이야기의 문을 여는 거예요. 꿈에 나온 사람, 책을 읽다 본 문장, 길에서 마주친 꽃의 이름을 그대로 글로 옮기세요. 문을 열고 들어가 보지 않으면 어떤 풍경이 펼쳐질지 알 수 없어요. 일단 문을 열고 들어가세요.

Ⓦⓕ ○○○을 두려워하지 않으면 ○○○을 잃게 된다. 빈칸을 채워보세요. 첫 문장으로 삼고 글을 시작해 보세요.

트레이닝
Step 61

> ## 예쁘게 피우려다 꽃이 시든다

작가는 글을 쓰는 사람이죠. 오늘 글을 썼다면 당신은 작가에요. 작가의 수치는 허접한 글이 아니라 아무것도 쓰지 않은 거죠. 글쓰기는 생각을 텍스트로 전환하는 일이죠. 생각을 가두지 마세요. 문장을 통제하려 들지 말고 쏟아낸 다음 정리하세요. 예쁘게 피우려다 꽃을 시들게 하지 마세요. 영화 메멘토의 주인공처럼 쓰세요. 단기기억 상실증에 걸려 십 분밖에 기억하지 못하는 레너드처럼 절실하게 메모하세요. 기록하지 않으면 사라질 기억이라 생각하세요. 폴라로이드 사진처럼 자세히 묘사하세요. 폴 오스터를 비롯한 많은 작가들이 써나가는 동안 이야기가 바뀌어간다고 말해요. 글쓰기는 미지의 세계를 탐험하는 일이죠. 쓰기 전에는 어떤 풍경을 마주하게 될지 모르죠. 지금 쓰지 않으면 '지금'은 사라질 거예요. 유년시절의 추억도, 부모님의 헌신도, 당신이 버텨낸 고난과 승리의 순간들도, 당신이 사랑하고 아꼈던 모든 것들이 쓰지 않으면 사라져버릴 거라 생각하세요.

ⓦⓣ 당신 몸에 있는 흉터에 대해 써보세요.

손목에 난 흉터, 화상 자국, 수술 자국. 뭐든지 좋아요. 상처가 생긴 사연, 수술을 한 이유, 흉터가 갖는 의미에 대해 쓰세요.

트레이닝
Step 62

지금의 이름을 짓다

　글쓰기는 마음의 이름을 짓는 일이죠. 글쓰기는 슬픔에 이름을 짓는 일이죠. 이름을 붙여 마음속 서랍에 넣어두는 거죠. 반짝거리는 무언가가 될 때까지요. 무심코 흘려보내는 순간을 채집하고, 내버려두면 희미해질 감정을 새기는 일이지요. 글을 쓴다고 상실에서 벗어나지 못하지만 상실과 함께 살아가는 법을 배우죠. 실패가 없던 일이 되지 않지만 삶의 과정에 불과함을 이해하게 되죠. 아픔은 사라지지 않지만 고통이 남긴 의미를 알게 되죠. 사라지는 것들을 사랑하게 만들고 사라진 것들이 영혼에 새겨졌음을 실감하게 하죠. 이름을 지어주면 상처는 반짝거리는 보석이 되죠. 서랍에 넣어두었다가 언제든 꺼내볼 수 있어요. 언제까지나 살아 숨 쉬는 장면으로 남아요. 종이에 부정적인 감정들을 내려놓으세요. 간직해야 할 마음을 골라 담으세요. 글쓰기를 통해 순간은 불멸성을 획득해요. 삶이 단순히 소모되는 것이 아님을 깨닫게 될 거예요. 인생이 진정한 나로 돌아가는 과정임을 납득하게 될 거예요. 무수한 순간이 모여 지금의 내가 되었음을 느끼게 될 거예요. 기억은 시간이 흘러도 빛을 잃지 않아요. 서랍에 넣어둔 보물은 누구도 빼앗을 수 없어요. 글을 쓰세요. 사라질 것들을 끌어안으세요. 다가오는 기쁨을 오롯이 느끼세요.

ⓦⓣ

지금 나는 (   )이 아니며 (   )이다. 5년 뒤 나는 (   )을 버릴 것이고 (   )을 찾을 것이다. 10년 뒤 나는 (   )에 있을 것이고 (   )에서 벗어날 것이다.

빈칸을 채우고 이야기를 시작하세요.

트레이닝
Step 63

작가는 기억력보다 기록력!

　　근사한 저녁을 먹고 싶다면 냉장고를 채우는 것부터 시작하세요. 다짜고짜 인생을 정의하지 마세요. 선원들이 항해일지를 쓰는 것처럼 자신이 보고 듣고 느낀 것과 주변에서 일어난 일들을 '기록'하세요. 아이들 밥을 식판에 먹인다면 사진을 찍고 기록하세요. 몇 년간 계속하면 아이들의 성장 과정과 그들에게 쏟은 애정의 기록물이 되겠죠. 어떤 반찬을 먹었는지, 무엇을 챙겨주려 했는지, 어떤 걸 좋아하고 싫어했는지, 입맛은 어떻게 변했는지, 키는 얼마나 크고, 몸무게는 얼마나 늘었는지, 아이가 아팠을 때는 어떤 기분이었고 깨끗이 나았을 때는 어떤 마음이었는지 고스란히 담겨 있을 거예요. 자전거를 탄다면 몇 킬로미터를 달렸는지 기록하세요. 그날의 풍경을 묘사하세요. 벚꽃이 핀 날부터 동백꽃 질 때까지. 같은 길 다른 풍경을 기록하는 거지요. 몸의 변화나 그날의 날씨도 기록해 보세요. 지금을 기록하는 것만으로도 자신을 잃어버리는 기분에서 벗어날 수 있어요.

무엇을 먹고 무엇을 샀는지, 어떤 공연에 가고 싶었고, 무슨 책을 읽었는지, 당신이 느끼고 생각하고 사랑한 것을 기록으로 남기세요. 글로 남긴 오늘은 그저 흘려보내던 어제와는 다를 거예요. 삶을 기록하면 충실감이 들어요. 언제든 자신의 삶을 들여다볼 수 있어 안심이 돼요. 성장하고 변화하는 자신을 지켜보는 기쁨이 있어요. 기록은 확실하게 디딜 수 있는 출발선이 되어줘요. 생각을 막연히 풀어내는 것보다 일상을 기록하고 자신의 경험을 끼워 넣는 편이 훨씬 쉽고 또 자연스러워요. '오늘 무엇을 기록할지' 고민하는 소극적 자세가 어느새 기록하기 위해서라도 '오늘 무엇을 할 것인지' 생각하는 능동적 태도로 바뀌어 있을 거예요. 기록은 또 하나의 자신이에요. 기록은 자신의 삶을 담은 자산이에요. 지루하고 평범한 일상을 기록하는 일이 의미 없다고 느낄 수 있지만 지금의 일상이 5년 전, 10년 전에는 당연하지 않았음을 생각해 보세요. 1년 뒤, 3년 뒤에 일상은 또 어떻게 변해있을까요. 기록은 당신의 변화를 긍정적인 방향으로 이끌 거예요. 당연한 건 없어요. 평범함이 가장 어렵고 보통이 가장 채우기 힘들어요. 평범한 일상도 기록하면 특별해져요. 평범함을 특별함으로 만드는 힘이 기록에 있어요. 대단한 사람이 책을 쓰고 보통의 사람이 받아 읽는 게 아니에요. 평범한 사람이 글쓰기를 통해 삶을 특별하게 만드는 거죠.

좋은 글에는 진심이 담겨 있어요. 진심을 담은 글에는 온기가 느껴져요. 생활 속 이야기를 쓰세요. 좋은 글에는 진실이 담겨 있어요. 진실에서는 향기가 느껴져요. 꾸미지 말고 있는 그대로 쓰세요. 진심을 담아 쓴 진실한 글에 생명력이 깃들어요. 예술을 위해 목숨을 걸 수 있다고, 작품을 위해 영혼이라도 팔 수 있다고 말하는 건 진정한 작가가 아니죠. 글쓰기는 목숨을 건 도박이 아니에요. 요행을 바라는 게임이 아니에요. 거래로 얻을 수 있는 상품이 아니에요. 글쓰기는 삶을 위해 존재하죠. 사랑을 위해 나은 사람이 되듯 글쓰기를 통해 성장하는 거예요. 사랑을 위해 살아가고 그와 함께 나이 들듯이, 글쓰기를 통해 더 나은 삶을 살고 새로운 경험을 하게 되죠. 진정한 작가는 글을 위해 목숨을 바치지 않아요. 글쓰기와 더불어 살아가지요.

트레이너 팁

글에 쓰는 시간과 글을 쓰는 시간을 구분하세요.

대책 없이 책상에 앉기보다 한 줄이라도 글감을 모으거나 무엇을 쓸지 미리 생각해두세요. 버스를 기다리면서, 설거지를 하면서, 화장실 안에서, 샤워를 하다가 떠오른 생각을 일단 적어두세요. 글에 쓴 시간이 많아질수록 글을 쓰는 시간이 편해져요.

ⓌⓉ 오늘 당신이 본 아름다움을 쓰세요.

오늘 당신을 위해서 해준 일을 쓰세요. 만약 쓸 내용이 없다면 왜
그런지 이유를 쓰고 내일 할 일에 적어두세요. 내일 메모한 글감을
오늘의 글에 이어보세요. 시간 날 때마다 메모를 하고 글감을 모아
오세요.

트레이닝
Step 64

가계부도 멋진 글감

　3년 전부터 기록한 가계부가 있어요. 5일 치만 살펴볼까요. 2018년 12월 10일에 부산 서부터미널 맞은편 골목에서 안동국밥을 먹었군요. 처음으로 김해경전철을 탔고, 공항이란 곳에 난생처음 들어갔고, 비행기를 처음 탄 날이군요. 둘째 날에는 손가네 밀면과 푸주옥설렁탕을 먹고 제주를 걸었네요. 셋째 날에는 곽지국수에서 고기국수를 6,500원에 사 먹고 82.5km를 자전거로 달린 다음 자반뚝배기에 한라산 소주 1병을 20,000원에 사 먹었네요. 다음 날에는 천지연 폭포를 구경했고, 옹심이 칼국수를 6,500원에 사 먹었네요. 쇠소깍을 구경하고 남원 수제 돈까스를 8,000원에 사 먹고 별담 게스트하우스에 묵었어요. 표선해비치를 구경한 후에 70km를 달렸고 두루치기 정식을 7,000원에 사 먹었네요. 함덕 해수욕장에서 철봉을 하고 고창댁에서 장어탕을 8,000원에 사 먹었어요. 헤네시 한 병과 초콜릿, 수국 퍼퓸을 사서 돌아왔네요. 가계부를 보니 그날의 기록이 새록새록 솟아나요. 도착하는 날 본 눈 덮인 한라산의 풍경, 게스트하우스에서 코를 심하게 골던 아저씨도 생각이 나네요. 게스트하우스 손님들과 술을 마시던 기억도 있네요. 셋째 날에는 주인 대신 사나운 강아지만 있는 게스트하우스에서 혼자 잤지요. 히터를 붙잡고 덜덜 떨던 8인실과 다음 날 아침 동네 어귀까지 배웅하던 강아지가 눈에 선해요. 삐걱삐걱 소리가 나던 무릎, 신음소리를 잠재우던 거친 바람은 몸에 새겨져 있어요. 몇 줄짜리 기록도 좋은 글감이 될 수 있어요.

다른 방식으로도 쓸 수 있어요. 작년과 올해 지출 내역을 비교해 변화를 살펴볼 수도 있어요. 2019년 1월에는 통영으로 이사 오기 전이라 숙박비를 제법 썼네요. 2020년 1월부터 우유 대신 두유를 먹기 시작했네요. 올해 4월 7일에는 푸리덴 연고를 샀네요. 치질 때문에 고생한 일을 써도 되겠군요. 그 달 20일에 구충제를 샀네요. 상추를 다 먹고 난 후에야 커다란 달팽이를 발견해 찜찜했던 기억이 나요. 결벽증에 대해 쓰는 것도 괜찮겠네요. 무심히 지나칠 순간도 기록해 두면 멋진 글감이 돼요. 뭐라도 써야 뭐든지 쓸 수 있어요. 가계부 하나로 추억을 되새기고 바뀐 생활에 대해 쓸 수 있어요.
감사일기, 운동 기록, 업무 메모, 그날 먹은 메뉴, 독서 노트도 좋은 글감이에요. 감사 일기를 쓰며 시도했던 일, 일기를 쓰며 변한 것들, 운동 기록은 성장 과정뿐만 아니라 중간에 부상을 당하거나 슬럼프가 찾아왔을 때 어떻게 대응했는지. 몸이 변하면서 삶은 어떻게 바뀌었는지 쓸 수 있겠네요. 업무 메모도 예전의 나와 지금의 나를 비교할 수 있는 역사 기록이에요. 독후감으로 책 한 권을 쓸 수도 있어요. 뭐든지 꾸준히 쓰면 가치가 깃들어요. 무조건 쓰세요. 무엇을 쓰건 생의 기록이 돼요. 당신의 역사가 돼요. 마음에 드는 문장이 퐁퐁 샘솟는 날은 없어요. 마음에 들지 않아도 계속해서 쓰는 거예요. 그게 작가의 일이니까요.

트레이너 팁

혈액형, 별자리, 백문 백답, 심리테스트, MBTI 어떤 사람은 유치하다고 하지만 어떻게든 나를 이해하고 싶어서가 아닐까요. 나를 드러내고 싶어서가 아닐까요. 작가에게는 어떤 의미여야 할까요. 백문 백답을 소재로 삼고 MBTI를 인물에 대입할 수 있지 않을까요.

Ⓦⓣ **MBTI 같은 심리 검사도 좋은 글감이죠.**
당신을 설명하기 위한 재료라 생각하세요. 당신의 유형은 무엇인가요. 유형의 특성은 무엇인가요. 검사 결과를 당신의 경험과 버무려 글로 엮어내 보세요.

트레이닝
Step 65

> 글쓰기는 느리게 말하기

글쓰기는 시간이 걸리는 일이지만 글을 쓴 시간만큼 삶은 내 편이 되죠. 글쓰기는 느리게 말하기죠. 느리게 말하며 자신의 목소리를 되찾아가는 근사한 모험이죠. 글쓰기를 통해 삶을 온전히 내 것으로 만드는 방법을 배우는 거죠. 처음부터 잘 쓰지 못하는 건 당연한 일이죠. 느리게 보고 다시 살피고 멈춰 서며 당신의 삶을 사랑하기를 바라며 이 책을 썼어요. 쓰고 보니 결국 모든 것이 이야기였다고 느끼게 만들고 싶었어요. 시간을 들여야만 세월이 지나도 선명한 이야기를 만들 수 있죠. 물론 당신은 책을 쓸 수 있지만 자신을 설명하는 방법부터 배워야 해요. 다양한 주제를 다뤄보고 자신을 여러 방식으로 이야기해 봐야 해요. 글쓰기는 전혀 다른 세상으로 당신을 인도할 거예요. 진실한 문장은 훨씬 근사한 세상으로 당신을 데려갈 거예요. 당신이 같은 일을 하고 같은 사람을 만나고, 여전히 그 집에 살고 있어도 글을 쓰기 이전과는 전혀 다른 삶을 살게 될 거예요.

ⓦⓣ 당신이 들어본, 혹은 당신이 생각하기에 세상에서 가장 잔인한 말은 무엇인가요. 그 문장으로 글을 시작해 보세요.

트레이닝
Step 66

초고는 커다란 글감

초고마저 커다란 글감으로 생각하면 글쓰기가 부담스럽지 않아요. 주제 중요하지요. 목차나 개요 필요해요. 하지만 본질은 이야기 아닌가요. 진실한 이야기 말이죠. 일단 쓰고 나서 어떤 이야기인지 들여다보는 거예요. 완벽하지 않더라도 내버려 두세요. 적어도 첫 줄을 쓸 때보다 성장한 내가 판단하도록 하세요. 처음부터 완벽한 글을 쓰려 하지 마세요. 모든 걸 결정할 필요 없어요. 이야기를 쓰며 이해하면 돼요. 글을 갖고 놀면서 마음을 다루는 법을 배우는 거죠. 단어를 고르며 필요한 생각만 남기는 거예요. 문장을 이어 이야기를 만들듯 순간이 모여 삶이 되는 이치를 깨닫는 거죠. 무엇을 쓸지 알 수 없을 때는 진실을 말하는 게 유일한 방법이에요. 어떻게 써야 할지 모르겠는 건 진심을 다하는 것으로 충분한 대답이 되기 때문이죠. 진실한 문장을 쓰면 이야기는 나아가요. 글을 쓰는 것은 나를 읽는 일이죠. 자신에게 귀를 기울이면 어느 순간 세상이 나를 위해 노래하기 시작할

199

거예요.

<신과 함께>라는 제목으로 글을 써보세요.

신(神)이 아니라도 좋아요. 새로울 신(新), 믿을 신(信), 매울
신(辛) 어떤 뜻이라도 좋아요. 신과 연관된 당신의 이야기를 시작
해 보세요.

트레이닝
Step 67

> ## 작가의 취향

작가는 퍼진 라면을 좋아하는 사람이죠.

문득 떠오른 메모를 하는 사이 찌개는 식어버리죠.

작가는 의사들이 좋아하는 사람이죠.

화장실 변기에서 글을 적느라 변비에 걸리고

샤워하다 생각난 글을 쓰느라 감기에 걸리죠.

머리를 쥐어뜯어 탈모가 오고 불면증에 시달리고

책을 달고 살아 눈이 나빠지고 거북목이 되죠.

작가는 퍼진 라면에서도 기쁨을 찾아내죠.

화장실에서도 삶의 지혜를 얻고 아픔에서 생의 의미를 깨달아요.

작가는 세상 모든 것을 재료로 삼아 자신을 위해 요리하죠.

작가는 세상 모든 곳을 자신의 서재로 만드는 사람이죠.

작가는 동네 어디에 무슨 꽃이 피는지 알죠.

거리를 걷는 사람들이 저마다의 계절에 핀 꽃임을 알죠.

작가는 자신 안에 피고 지는 모든 꽃의 이름을
기록하는 사람이죠.

트레이너 팁　규칙적으로 쓰기

작가는 손톱을 기르지 않아요. 자판을 두드리거나 펜을 쥐려면 손톱을 기를 수 없지요. 작가는 부지런해야 하죠. 전업 작가라면 계속해서 써내야 하고, 다른 직업이 있다면 규칙적인 생활을 하지 않으면 글을 쓸 시간을 마련할 수 없겠죠. 번뜩이는 영감은 규칙적인 생활에서 비롯해요. 글을 쓰지 않는다고 나무라는 사람은 없어요. 그래서 스스로 정한 규칙을 지키지 않으면 흐트러지기 쉬워요. 규칙적으로 써야 글쓰기에 리듬이 생겨요. 매일 아침 여섯시에 일어나 버릇하면 알람 없이도 눈이 떠지죠. 매일 같은 시간에 글을 쓰면 영혼도 그에 맞춰 깨어나요. 패턴을 만든 사람만이 무늬를 넣을 수 있어요.

Ⓦⓣ **당신이 즐겨 인용하는 명언이나 속담을 써보세요.**

첫 문장으로 글을 시작해 보세요. 없다면 당신이 싫어하는 속담이나 틀렸다고 생각하는 격언을 쓰세요. 명언이나 속담을 지지하거나 반대해 보세요. 당신의 경험을 곁들여 이야기로 만들어 보세요.

트레이닝
Step 68

일곱 난쟁이 법칙

무엇을 써야 할지 모를 때는 아무 문장이라도 좋으니 그냥 일곱 줄만 써보세요. 생각나는 걸 그저 '받아쓰기'만 하세요. 일곱 문장 다음에 여덟 번째 문장을 써도 되고, 일곱 문장을 조합해 한 문장을 만들어도 돼요. 글쓰기에도 마중물이 필요해요. 평범한 문장이 반드시 써야 할 문장으로 가는 길을 열어요. 일곱 난쟁이를 따라가면 백설 공주가 기다리고 있어요. 무엇을 쓸지 알고 있을 때도 마찬가지예요. 글을 어떻게 시작해야 할지 모를 때는 아무 말이라도 좋으니 일단 일곱 줄만 써보세요. 글은 정제된 말이어야 하지만 제련을 머릿속에서 할 필요는 없어요. 그러니 머리가 아프고 가슴이 답답해지는 거예요. 원석을 땅에서 캐낸 후에 바깥에서 다듬는 거죠. 일단 생각나는 대로 일곱 문장을 늘어놓은 뒤에 이어보세요. 곡괭이질을 할 때마다 황금이 나오길 기대하는 광부는 없어요. 물고기가 잡히지 않는다고 그물을 던지지 않는 어부는 없어요. 한 해 농사를 망쳤다고 씨앗을 뿌리지 않는 농부는 없어요. 글이 써지지 않는다고 포기하는 작가는 없어요.

※ 일곱 문장을 쓰는 것도 버거울 때는 처음 했던 스트레칭을 떠올려 보세요.(㉠~㉵까지 단어를 썼던) 먼저 당신이 쓰려는 소재나 주제를 적으세요. 연상되는 단어를 몇 개 적고 문장으로 만들어 보세요.(순서는 상관없어요.) 첫 줄 삼아 글을 시작해 보세요.

Ⓦⓣ **한국 야구의 전설.**
박찬호 선수는 언제부턴가 투 머치 토커로 유명해졌죠. 말이 너무 많다는 거죠. 작가에게 필요한 자세가 그거예요. 글 쓰는 사람에게 필요한 덕목이에요. 일단 쓰고 나중에 추려내면 돼요. "제가 LA에 있을 때"로 시작하는 서사 방식도 쓸 만하죠. '내가 ◯◯◯에 있을 때'로 글을 시작해 보세요.

트레이닝
Step 69

작가라는 단어는 현재진행형

저자가 과거형이라면 작가는 현재진행형이죠. 책을 한 권이라도 내면 영원히 저자로 남지만, 작가는 글을 쓰는 순간에만 존재하는 현상이에요. 작가들이 자신을 소개할 때 시를 쓰는, 소설을 쓰는, 글을 쓰는 누구라고 말하는 이유죠. 허접한 글보다 부끄러운 것은 그런 문장조차 쓰지 않는 거예요. 아무리 형편없어 보이는 문장이라도 머릿속에 숨어있는 글보다 낫죠. 지금 필요한 건 글을 끄집어낼 용기뿐이에요. 몇만 권의 책을 팔았건 몇 권의 책을 출간했건 오늘 쓰지 않았다면 작가가 아니라고 생각해요. 작가라는 단어는 동사에요. 오늘 글을 쓴 사람은 작가란 말이죠. 예술적 감각보다 중요한 건 글을 쓰는 습관이죠. 매일 쓰세요. 진통제를 맞고 뒹군 감각을 기록하세요. 화장실에서 메모하세요. 길을 걷다 멈춰서 꽃 이름을 찾으세요. 밥을 먹다가 메모하고 자전거를 타면서 문장을 생각하세요. 술을 마시다 대화를 옮겨적으세요. 습관이 몸에 스며들면 언제 어디에서건 자연스럽

205

게 쓰게 돼요. 친구나 가족이 당신의 습관에 익숙해지게 만드세요. 더딘 걸음이라도 조급해하지 마세요. 길을 만드는 사람에게는 시간이 필요한 법이니까요. 글을 쓰는 이유는 저마다 다를 테지만 지금 쓰는 한 줄만이 가야 할 곳으로 데려다주죠. 유실물 센터에서 무언가를 잃어버리는 사람은 없어요. 글쓰기란 기꺼이 길을 잃는 일이지요. 오늘, 내일이 오지 않을 것처럼 쓰세요.

ⓦⓣ 어릴 적 먹던 군것질거리 이름을 쭉 써보세요.

몇 개를 골라 군것질거리를 사던 가게, 함께 먹던 친구, 가게 주인과 그 시절 풍경에 대해 쓰세요. 그때 먹던 군것질거리를 구해 보는 것도 좋겠네요. 구매 과정을 기록하고 맛이 달라졌는지 그대로인지 표현해 보세요.

트레이닝
Step 70

> 일상의 에피소드가 인생의 스토리가 된다

　식단 조절을 할 때 탄수화물, 단백질, 지방의 비율을 알맞게 배분하듯이 수필처럼 일상적 글을 쓸 때는 에피소드와 사유, 문장이 어우러져야 해요. 주구장창 사유만 늘어놓거나 문장에 집착하면 좋은 글이 나오지 않아요. 독자가 기억하는 건 문장이지만 독자가 읽고 싶은 건 당신의 이야기예요. 독자는 결론을 기억하지만 독자를 만드는 건 서사임을 잊지 마세요. 객관적인 이야기는 경찰 조서나 법원 판결문에나 필요해요. 사람은 자신의 입장에서 이야기할 수밖에 없어요. 자신이 보고 듣고 들은 게 전부니까요. 객관적인 사실이나 보편적인 진실로 포장할 필요 없어요. 이야기에는 주관이 개입될 수밖에 없어요. 사람들은 개인적인 이야기를 원해요. 진솔한 이야기에 사람들은 공감해요.

　"일 년에 절반은 레깅스에 반바지. 반팔 위에 슬리브리스 집업 후드를 입고 지낸다. 급하게 나갈 일이 있어 서둘러

짐을 챙겨 나갔다. 기사에게 인사를 하고 버스 맨 뒷자리에 앉을 때까지 이상함을 느끼지 못했다. 반바지가 말려 올라간 건가 싶어 옷을 내리려는데 아무것도 없었다. 레깅스만 입고 나온 거였다. 다음 정거장에서 바로 내려서 서둘러 집으로 돌아왔다. 온몸이 땀에 흠뻑 젖어 있었다. 오래 입어 늘어진 후드가 이렇게 든든한 적이 있었던가. 이런 일은 한 번도 없었는데. 이게 무슨 일인가 싶었다. 약속에 늦은 것 따위 아무것도 아니었다. 이런 일이 처음일 뿐 비슷한 경우는 얼마든지 있었다."

오늘 저녁에 있었던 일이에요. 에피소드는 '잊어버린 건 잊어버려야 살 수 있기 때문이다.' 라는 글의 도입부가 되었어요. 건망증과 노화, 기억에 대한 이야기를 생생하게 시작할 수 있었어요. 사소한 에피소드가 인생에 대한 이야기로 이어져요. 어떤 에피소드라도 허투루 대하지 마세요. 지금도 싱싱한 에피소드들이 당신 앞에 펄떡이고 있어요. 지금 쓰지 않으면 다시 쓸 수 없는 장면이라고 여기세요. 오늘 아침에 한 일이라도 저녁에 떠올리면 흐릿해요. 아침부터 기록한 메모를 저녁에 정리하세요. 메모는 단순한 글쓰기 도구가 아니죠. 뇌의 연장이며 기억의 보물창고예요. 메모하지 않는 작가는 없어요. 작가는 메모를 해요. 이런 것까지 써야 하나 싶겠지만, 그것만이 써야 할 이야기예요.

ⓦⓣ **빈칸을 채우고 각각 글을 써보세요.** 가능한 길게 써주세요.

내게 아이는 (   )이다.

내게 결혼은 (   )이다.

내게 부모는 (   )이다.

내게 사랑은 (   )이다.

내게 이별은 (   )이다.

내게 삶은   (   )이다.

내게 죽음은 (   )이다.

ⓦⓣ **위에서 쓴 글을 합쳐 하나의 이야기로 만들어 보세요.**

트레이닝
Step 71

> 글쓰기는 불 피우기

처음에는 불에 잘 타는 종이나 마른 잎을 넣어야 하죠. 일상의 에피소드, 문득 떠오른 기억, 뜬금없이 생각난 문장으로 시작하세요. 그러고는 탈 만한 무언가를 집어넣는 거예요. 의식의 흐름을 따라가며 모아온 글감을 던지는 거예요. 무엇을 태울지는 정할 수 있지만 불꽃의 모양까지 통제할 수 없음을 기억하세요. 불꽃이 커지면 커다란 나뭇조각을 넣어야죠. 인생에 대한 이야기. 내가 본 세상을 이야기하는 거죠. 다 태우지 못할 때도 있어요. 불꽃이 꺼질 때도 있어요. 하지만 마음에 불꽃을 품고 있는 한 다시 쓸 수 있어요. 열 살 때 무엇을 했고 스물에 무엇을 했다고 단순하게 쓰는 것보다 당신 삶에서 일어난 사건을 통해 쓰세요. 이사나 연애, 여행 같은 삶의 전환점들을 통해서요. 스물둘이 될 때까지 세 들어 살던 집을 통해 가난을 이야기하고, 십오 년 동안 살았던 도시를 떠날 때 SUV 한 대에 들어가던 이삿짐을 통해 청춘을 이야기하고, 수십 년 살았던 동네를 떠나는 엄

마의 이사를 이야기하며 사라진 것들에 이야기하는 식으로
요.

Ⓦⓣ **부모님이 어릴 적부터 귀에 못이 박히도록 하신 말씀이 있
나요.** 부모님이 그런 말씀을 하신 이유는 무엇인가요. 들을 때 무슨
생각을 했고 어떻게 반응했나요. 부모님의 말씀을 지키면서 살고
있나요. 부모님의 말씀을 첫 문장으로 글을 시작해 보세요.

트레이닝
Step 72

눈은 손보다 먼 곳을 본다

　　쓰고 싶은 글과 지금 쓸 수 있는 글 사이에는 간격이 있어요. 내가 꿈꾸는 이야기를 생각대로 써내는 건 무척 어려운 일이에요. 대문호나 천재 작가라도 쉽지 않은 일일 거예요. 분명 속으로는 '내가 생각한 건 이게 아니었다고.' 이것보다 잘 쓸 수 있었다고 생각할 거예요. 눈은 손보다 먼 곳을 보기에 이상과 현실 사이를 좁히는 일은 불가능해 보여요. 힘들다며 포기하거나 힘들어도 계속하거나. 선택해야 하죠. 부지런히 손을 움직여 나아가면 멀게만 느껴졌던 장소에 이를 테지만 눈은 다시 먼 곳을 보겠죠. 하지만 그게 저 너머에 닿는 유일한 방법인걸요. 자신이 할 수 있는 일을 하는 거죠. 지금 쓸 수 있는 글을 쓰고 또 쓰는 거죠. 눈은 백 미터 앞을 보지만 손은 한 글자씩 나아갈 수밖에 없어요. 일 밀리미터씩 전진을 거듭해 백 미터를 나아가는 거예요. 불가능한 미션처럼 느껴지나요. 하루에 몇 줄만 써도 충분해요. 여기까지만 해도 400글자가 넘어요. 책 한 권이 십 만자라고 가정하면 몇 개월 길어도 일 년이면 충분해요. 자신이 쓰고 있는 한 단어에 집중하세요. 먼 곳을 보는 대신 지금 쓰는 글에 힘을 쏟으세요. 그렇게 이어낸 문장이 당신 인생의 이야기가 되는 거예요. 오른발 다음에 왼발. 우리가 앞으로 나아가는 유일한 방법이지만 우리를 배신하지 않는 단 하나의 길이에요. 오늘의 한 줄에 마음을 다하세요.

인생도 마찬가지 아니던가요. 어떤 하루는 너무 무겁고 어떤 하루는 지나치게 가볍고 어떤 날은 아무것도 아닌 기분이 들지만 그런 하루를 이어 여기까지 온 거잖아요. 근사한 문장이 떠오를 때까지 기다리지 마세요. 일단 쓰고 난 후에 생각하세요. 쓰면서 생각하세요. 단 한 줄이라도 좋아요. 때로는 그걸로 충분해요.

Ⓦⓕ **내 이름은 ◯◯◯입니다.**
첫 문장으로 이야기를 시작해 보세요. 누가 이름을 지었는지, 무슨 한자를 쓰는지, 가족들이 어떻게 부르는지, 이름에 얽힌 사연은 없는지, 어릴 때 친구들이 부르던 별명은 뭔지, 개명한다면 어떤 이름이 좋을지 써보세요.

트레이닝
Step 73

> 버린 글의 부피만큼 문장은 질량을 얻는다

트럼프로 치면 로열 스트레이트 플러시가 나올 때까지 마냥 기다리지 않고 원페어라도 조합해 보는 거죠. 단어를 조합해 어떤 문장이 되는지 실험해 보세요. 그러다 보면 좋은 패가 나오기도 하는 거죠. 로열 스트레이트 플러시만으로 게임을 할 수는 없어요. 이야기 전체를 멋진 문장으로 채울 필요는 없어요. 마음에 쏙 드는 문장만 쓸 수는 없어요. 일단 써놓고 마음에 드는 문장을 찾는 거예요. 지워버릴 문장이라도 쓰이지 않은 문장보다 나아요. 무언가 떠오를 때마다 메모하고 모든 게 가라앉을 때까지 고쳐 쓰세요. 완벽한 문장은 필요 없어요. 마음에 들지 않아도 마음을 다한 한 줄이면 충분해요. 마음 가는 대로 쓰세요. 진실한 문장을 이어 한 장을 쓰고, 한 장을 이어 한 편의 원고를 완성하는 거예요. 우리에게 필요한 건 완벽한 원고가 아니에요. 이만하면 됐다는 실감이면 돼요. 완결한 원고를 출판사에 보내 편집자와 함께 책을 완성하는 거지요. 어떤 작품도 완벽하지

214

않아요. 어떤 작가도 완성형이 아니에요. 지금 쓸 수 있는 것을 쓰면 돼요. 진실한 한 문장이면 돼요. 겨우 글 한 편으로 자신을 의심하지 마세요. 적어도 열 편을 써서 열 번은 고쳐 쓰세요. 그중에 한두 편을 골라내세요. '당신이 버린 글의 부피만큼 당신의 문장은 질량을 얻을 거예요.'

ⓦⓣ 그 무렵 ○○○하는 꿈을 자주 꿨다. 로 시작하는 글을 써보세요.

트레이닝
Step 74

돈 쓰기보다 글쓰기

　　돈 쓰기는 즐겁죠. 예쁜 옷을 사고 맛있는 음식을 먹고 새로운 물건을 사는 건 짜릿하죠. 하지만 대부분의 사람은 자신이 갖고 싶은 모든 걸 살 수 없지요. 엄청난 부자가 아닌 이상 돈을 쓰면서도 불안해요. 가스 요금, 대출 이자, 교육비, 전기료, 식비까지 때로는 숨만 쉬어도 돈이 줄줄 새는 것 같아요. 들어오는 돈은 정해져 있는데 나가는 곳은 늘어나기만 하죠. 돈이 없는 것보단 많은 게 좋지만, 원하는 만큼 가질 수 없고 재산이 넉넉하다고 행복해 보이지는 않더군요. 한때 플렉스라는 말이 유행한 적이 있었죠. 일부 래퍼들이 지갑에 수표를 가득 넣고 다니고 치렁치렁한 금목걸이를 걸치고 번쩍거리는 명품으로 도배를 해도 부럽지는 않더군요. 물건으로 자신을 표현하려는 모습을 보면 왠지 모를 공허함이 느껴졌어요. 자신이 아닌 것으로 나를 설명하려 하고 타인보다 우월함을 드러내는 것도 결국에는 비교에 불과하니까요. 물론 그들에게는 그들의 방식이 있겠지만요. 돈을 써서 살 수 없는 것들이 있죠. 내면의 충만함, 삶에 대한 감사, 자신의 존재를 인정하는 마음 같은 것들이요. 돈으로 살 수 없는 것들을 글을 써서 얻을 수 있어요. 글쓰기를 통해 있는 그대로의 나를 사랑하는 법을 배울 수 있죠. 지금부터의 나를 결정할 힘을 얻을 수 있어요. 번쩍거리는 금목걸이 대신 내 안의 빛을 찾는 거죠. 두둑한 지갑 대신 소박한 밥상에서 기쁨을 찾는 거죠. 나의 이름을 사랑하는 사람은 명품에 집착하지 않죠. 그럴듯한 옷과 지갑 속 현금으로는 채울 수 없는 허무가 있었어요. 비싼 술과 음식을 먹으면서도 채울 수 없는 허기가 있었어요. 물건을 채우느라 나를 놓을 곳이 없었죠. 돈을 모으느라 나를 잃어갔죠.

글쓰기를 통해 바라는 것이 적으면 바라는 대로 살 수 있음을 배웠어요. 누군가에게는 시간 낭비로 보일지도 몰라요. 하지만 올바른 단어를 찾아냈을 때의 기쁨은 글을 써본 사람만이 알죠. 마음에 드는 문장을 썼을 때의 환희도, 나를 위해 쓰는 순간의 즐거움도 쓰지 않으면 모르죠. 쓰는 일은 용기가 필요한 일이지요. 잊지 않기 위해서 쓰는 거예요. 잊지 못할 순간을 만들어 기록하세요. 매 순간 무언가를 잃어가는 게 삶이라 해도 글쓰기는 나를 잃지 않을 힘을 줄 거예요.

Ⓦⓣ 당신 가족만의 특별한 경험에 대해 쓰세요.

재미없는 이야기라 지레짐작하지 마세요. 당신에게만 익숙할 뿐이니까요. 다들 비슷비슷한 삶을 사는 것 같지만 자세히 들여다보면 저마다의 색깔이 있지요. 가족은 연애나 죽음과 함께 최고의 인기를 구가하는 소재 중 하나예요. 족보를 들먹이며 연대기를 쓰지 마세요. 특별한 경험 하나에 국한시켜 써보세요. 어떤 일이 있었나요. 무슨 옷을 입었는지, 그날의 날씨는 어땠는지, 어떻게 이동했고 어떤 일이 있었는지 묘사해 보세요.

트레이닝
Step 75

오래된 물건은 보물 창고

오래된 물건은 글쓰기의 보물 창고에요. 우리 집 거실 전기매트 위에는 오래된 담요가 깔려 있어요. 세탁기도 냉장고도 없이 허름한 자취방을 전전하던 그때의 제가 가진 유일한 '가구'였고 '보호막'이었죠. 담요로 글을 써볼까요.

살기 위해 필요한 건 담요 한 장

촌스러운 꽃무늬가 새겨진 붉은 담요
오래된 담요 한 장 온기로 살아남았지.
담요보다 먼저 품어주었던 엄마
부드러운 수건으로 닦아주던 아빠
담요를 들고 떠돌았던 낡고 좁은 집들이
나의 청춘이었지.
함께 담요를 덮었던 사람들과
온기를 나눠가졌지.

사람은 떠나고 이름은 남았지

왜 사랑은 끝난 후에야 노래가 되는지.

이제는 알 것 같네.

밤마다 붉은 담요를 타고 하늘을 나네.

아름다웠던 세상을 자유롭게 누비네.

붉은 햇살에 담긴 온기를 맞으며

아직 사랑해보지 않은 아침을 향해 나서네.

사람들 향기가 배어든 붉은 담요.

오래된 집은 무너졌지만 그래도 살아갈 수 있지.

망가진 나를 안아 주었던 사람

다정한 손길로 밤을 지켜주었던 사람

담요를 덮고 잠들면 맑은 꿈들이

나와 춤을 추었지

함께 담요를 덮었던 사람들과

추억을 나눠 가졌지

사람은 떠나도 온기는 남았지.

왜 사랑은 떠난 후에야 노래가 되는지.

이제는 알 것 같네.

밤마다 붉은 담요를 타고 하늘을 나네.

아름다웠던 세상을 자유롭게 누비네.

붉은 햇살에 담긴 온기를 맞으며

아직 사랑해보지 않은 아침을 향해 나서네.

Ⓦ⬆ **당신에게도 분명 '붉은 담요' 같은 물건이 있을 거예요.**
찌그러진 양은 냄비, 맥주를 마실 때 쓰는 유리잔, 누군가 만들어준
열쇠고리 같은 것들이요. 당신을 둘러싼 물건들의 이야기를 들어보
세요. 오래된 물건들에게 말을 걸어보세요. 물건들의 리스트를 만들
어 보세요. 어쩌면 그것만으로도 책 한 권을 쓸 수 있을지도 몰라요.

트레이닝
Step 76

종이 위에 나를 내려놓기

글을 쓰는 건 나를 내어놓는 일이에요.

비유가 아니라 실제로 일어나는 현상이에요.

나를 내어놓는 과정이 고통스럽긴 하지만

바깥에 나의 일부가 쌓여갈수록 삶은 가벼워져요.

그렇다고 나를 잃는 것은 아니에요.

오히려 자아의 확장에 가깝죠.

지금 내가 죽어도 '나'는 세상에 남아요.

언제 삶이 끝날지 모르지만 당신의 일부는 사라지지 않아요.

유한의 존재가 불멸성을 갖는 것이

어떤 의미인지 알고 싶다면 기꺼이 나를 내어주세요.

그리고 그것을 계속하세요.

종이를 방패로 삼았는데 어찌 상처 입지 않을까요.

연필 한 자루로 전쟁터에 나섰는데 어찌 두렵지 않을까요.

작가는 그럼에도 누군가의 아침을 위해

기꺼이 어두운 바다에 자신을 던지는 사람이죠.

삶이 저물 때까지 지속될 글쓰기라는 행위는

매 순간 다시 태어나게 만드는 숨결이죠.

트레이너 팁 글쓰기는 미니멀 라이프죠.

부정적인 생각을 종이 위에 쏟아내고 내게 필요한 감정만 간직하도록 해줘요. 오늘 있었던 기분 나쁜 감정을 버리고, 죽을 때까지 잊을 수 없을 것 같던 트라우마를 이겨내게 해요. 마음을 정돈해 내게 꼭 필요한 것만 갖고 홀가분하게 나아가게 돼요. 글쓰기는 슬로우 라이프죠. 정신 차릴 틈 없이 변하는 세상에서 자신을 위해 숨을 고르는 시간이죠. 잠시 멈춰 서서 나의 세계를 이해하고 사랑할 수 있게 해요. 문장을 따라 걸으며 영혼은 평화를 되찾아요. 물론 글쓰기가 모든 걸 해결해주지 않아요. 공과금을 대신 내주거나 자동차 엔진 오일을 갈아주지 않아요. 오지랖 넓은 친척의 잔소리를 멈추게 하거나 설거지를 대신해 주지 않아요. 글쓰기는 우리에게 필요한 물건을 주지 않지만 지금의 삶을 있는 그대로 아름답다고 느끼게 해요. 삶이 이야기임을 깨닫게 하고 자신의 이야기를 사랑하게 만들어요. 당신을 위해 쓰세요. 당신을 읽어주세요. 당신을 위해 삶을 쓰는 방법을 배우게 될 테니까요. 글쓰기로는 해결할 수 없는 문제들이 있지만 오직 글쓰기로만 해답을 찾을 수 있는 문제도 있어요. 바깥에서 일어나는 일은 바꿀 수 없지만 내 마음을 변화시킬 수 있어요. 어차피 삶이라는 건 세상과 자신의 상호작용이 아니던가요. 작은 목소리로 질문을 던지고 답하는 과정을 반복하면서 당신은 자신의 삶이 서사임을 납득하게 될 거예요. 이야기의 일부로 과거를 이해하고 현재를 받아들이는 법을 배우게 될 거예요. 어디를 향하건 당신의 이야기가 될 것을 깨닫게 될 테지요. 글을 쓴다는 건 이야기를 소중하게 다루는 법을 배우는 일이죠. 자신이 걸어온 길, 지금 느끼는 감정, 자신에게 일어났던 사건들을 이해하게 되죠. 삶이 이야기임을 납득함으로써 모두의 삶을 존중하는 자세를 지니게 돼요. 세상이 그대로라도, 당신의 세상은 달라져있을 테지요. 자신의 글이 마천루 사이 초라한 오두막처럼 느껴지더라도 그런 장소가 필요한 누군가가 반드시 있을 거라고 믿고 나아가세요.

ⓦⓣ 첫 버스나 막차를 타보세요.

평소와 다른 시간에 지하철을 타보세요. 보통 때라면 가지 않을 장소로 짧은 여행을 해보세요. 하루를 여는 사람들의 표정을 살피고 하루를 마친 사람들의 몸짓을 기록하세요. 나와 다른 하루를 사는 사람들을 관찰하세요. 모든 과정을 메모한 뒤 돌아와 글로 써보세요.

트레이닝
Step 77

지름길로는 닿지 못할 곳

"4주 완성 글쓰기, 출판 전문가의 포트폴리오, 소재와 주제를 정해주고 목차까지 한 번에 만들어 드립니다. 전문가의 첨삭까지 만사형통. 당신의 꿈을 이뤄준다."는 광고를 보면 궁금해져요. 그 책을 그의 책이라고 부를 수 있을까? 그를 작가라고 부를 수 있을까? 그의 영혼은 성장했을까? 그런 책이 누군가에게 도움이 될까? 자신의 이야기를 잃어버렸다는 사실을 언제쯤 깨달을까? 글쓰기의 힘은 과정에 있다고 믿어요. 헤밍웨이나 톨스토이도 못한 일을, 평생 글을 쓴 작가도 하지 못하는 일을 돈만 주면 해주겠다고요? 그렇게 뚝딱 책을 만들어준다고요? 과연 의미가 있는 일일까요? 기념품이 갖고 싶다면 일기장을 제본하는 편이 낫지 않을까요? 적어도 그 책은 온전한 자신의 이야기이긴 할 테니까요. 서툴더라도 진실하긴 할 테니까요. 타인에 의해 완성한 책이라니요. 몇 주 만에 책 한 권 분량을 쓰는 일은 가능할지도 모르죠. 하지만 작가라면 첫 단어부터 마지막 단어까지 그 자리에 있어야 하는지 검토하는 게 당연하지 않나요. 책을 달달 외울 정도로 살펴봐야 하지 않나요. 퇴고하는 것만으로도 몇 주는 걸리지 않을까요. 지름길로 가면 담지 못하는 풍경이 있어요. 쉬운 길로 가면 얻지 못할 지혜가 있어요. 어둠 속을 걸어야만 발견하는 빛이 있어요. 글쓰기는 종이로 된 방패를 들고 적진으로 뛰어드는 일이죠. 펜 한 자루를 쥐고 어둠 속으로 한 걸음씩 전진하는 일이죠. 작가는 자신의 별을 찾기 위해 기꺼이 어둠 속으로 들어가는 사람이죠.

ⓦⓣ 가장 특별했던 하루는 언제였나요.

첫 직장에 출근하던 날, 아이가 태어난 순간, 연인과의 만남 무엇이든 좋아요. 가장 특별했던 순간부터 하루의 이야기를 시작해 보세요. 그날의 날씨와 풍경을 묘사하고, 그날 있었던 사건을 상세하게 서술해 보세요. 그날은 당신에게 어떤 의미로 남아있나요. 그날 하지 못한 이야기는 무엇인가요. 그날의 자신과 지금의 자신이 만나 이야기를 나누게 해보세요. 무엇이 달라졌나요. 변하지 않은 것은 무엇인가요.

트레이닝
Step 78

> ## 당신에게 필요한 낱말은

작가는 단어를 '창조'하지 않아요.

자신에게 필요한 단어를 찾아낼 뿐이지요.

이미지가 떠오르지 않는다면 단어들로 시작해 보세요.

동화를 쓰고 싶다면 귀엽고 사랑스러운 단어를 모아보세요.

망토, 모닥불, 별빛, 보리차, 햇살, 담요, 민들레, 씨앗

생각나는 대로 마구 늘어놓으세요.

로맨스를 쓰고 싶다면 나를 설레게 하는 단어들을 모으고

공포를 쓰고 싶다면 두려운 느낌이 드는 단어들을 모아보세요.

일단 단어를 모은 다음 문장을 만들어 보는 거예요.

Ⓦ① **당신을 화나게 하는 것들의 목록을 늘어놓으세요.**

지금도 반복되고 있는 상황, 예전에 화가 나서 참지 못했던 경험, 어떤 것이라도 좋아요. 당신이 주로 화내는 대상은 누구인가요. 무심한 가족, 무책임한 직장 동료, 개념 없는 운전자, 버릇 나쁜 청소년, 고집 센 노인인가요. 그들에게 친절하게 대응하지 않아도 좋아

227

요. 글 속에서 그들을 응징하세요. 통쾌하게 복수해 보세요. 소설 속 장면으로 써도 좋고 편지처럼 써도 괜찮아요. 분노를 마음껏 쏟아내세요. 그런 사람을 다루는 요령이나 기분을 전환하는 당신만의 방법을 알려 주세요.

트레이닝
Step 79

당신은 이미 작가입니다

지금까지 당신은 작가의 일을 한 거예요.

웬만한 용기와 인내로는 할 수 없는 일을 해낸 거죠.

어떤 일이 있어도 개의치 말고 계속 쓰세요.

누가 알아주지 않아도 쓰세요.

당신의 이야기를 계속하세요.

꿈속에서도 글을 쓰세요. 글 속에서 꿈을 꾸세요.

쓰는 일이 사는 일이죠. 사는 것은 쓰는 일이죠.

나를 위해 쓰면 나를 위해 살게 되죠.

트레이너 팁 글쓰기를 요리에 비유하면

구상 = 메뉴 선정

메모 = 재료

글쓰기 = 조리

퇴고 = 플레이팅

(W)(↑) **갑자기 ◯◯◯ 이 사라져버린 세상에 대해 써보세요.**

노트북, 휴대폰, 면도기 같이 당연한 듯이 쓰고 있는 물건을 세상에서 없애보세요. 전기나 죽음, 책 같은 것을 사라지게 만들어도 좋아요. 일단 사라지게 만들고 무슨 일이 일어나는지 지켜보세요.

트레이닝
Step 80

퇴고로 글을 쓰다, 듬다

고백하건데 초고를 펼쳤을 때 절망하지 않은 적은 한 번도 없어요. 지금도 한숨을 푹푹 내쉬고 머리를 쥐어뜯으며 글을 다듬고 있으니까요. 이렇게까지 형편없을 줄은 상상도 못했어요. 무엇을 썼건 언제나 기대 이하예요. 어디서부터 손대야 할지 막막해요. 지금까지 몇 번이나 반복했던 일이지만 괴로운 건 똑같아요. 결국에는 해낼 거라는 사실만 알고 있을 뿐이지요. '모든 초고는 쓰레기'라는 말이 얼마나 다정한지요. 다른 작가들도 마찬가지란 소리잖아요. 세상 모든 책이 같은 과정을 거쳤단 말이잖아요. 초고가 형편없어 보이는 건 당신이 그만큼 성장했기 때문이에요. 그때 잘 썼다고 생각한 글이 허접해 보이는 건 '원고의 역사' 속에서 가장 어리고 부족한 당신이 썼기 때문이죠. 세월만큼 성장한 당신이 고치는 거예요. 오늘 딱 한 장만 해보는 거라 마음먹고 시작하세요. 이제는 적어도 어떤 이야기를 하고 싶은지 알고 있잖아요. 부족한 부분은 새로 쓰면 되죠. 넘치면 잘라내고, 이상하면 고치면 되죠. 힘들지만 하지 못할 일은 아니니까요. 퇴고는 죽었다 깨어나는 고통이에요. 죽을 만큼 힘들지만 당신의 원고를 다시 태어나게 할 마법이에요.

초고(완성한 원고)를 덩어리가 큰 글감에 불과하다고 생각하세요. 초고는 구체화된 글감이죠. 퇴고가 본격적인 글쓰기에요. 그래도 재료는 충분하잖아요. 세상에 요리를 잘하는 사람이 얼마나 많나요. 글도 마찬가지죠. 대단한 작가 얼마나 많나요. 잘 쓰는 것도 중요하지만 새로운 이야기가 훨씬 매력적이라는 걸 잊지 마세요. 당신이 쓴 초고는 세상에 없던 이야기예요. 퇴고는 당신이 가진 가장 강력한 무기예요. 퇴고를 좋아하는 작가는 없지만 퇴고를 하지 않는 작가도 없어요. 누구나 글을 쓸 수 있지만 작가가 되려면 퇴고를 해야 해요. 퇴짜의 쓴 맛과 퇴고로 깊은 맛을 들이지 않은 문장에는 진실이 깃들지 않아요. 퇴고의 과정이 힘겨운 건 미련을 남기지 않기 위해서죠. 하루에 한 장이라도 나아가면 돼요. 다 쓴 원고가 사라지는 일은 없어요. 여유를 갖고 조금씩 고치면 당신의 글은 그만큼 단단해질 거예요. 작가가 질릴 정도로 다듬어야 독자가 설렘을 느껴요. 작가라는 사실을 의심할 정도로 고쳐 쓴 후에야 글이라 부를 만한 것이 돼요. 문장에 꽃을 피우는 방법은 고쳐쓰기뿐이에요.

퇴고를 통해 지금의 자신이 만들 수 있는 최고를 내놓으세요. 알아요. 그래도 쓴 글을 몇 번이고 다시 보는 건 괴롭죠. 온 힘을 다해 쓴 자신의 글에서 결점을 찾기 위해 보는데 즐거울 리 없지요. 그냥 이대로 세상에 내놓고 싶어져요. 이대로도 괜찮을 것 같아요. 그래도 어색한 부분을 고치고, 어울리는 단어로 바꾸고, 필요 없는 문장을 지워야 해요. 반복해서 보는 만큼 확실히 좋아져요. 글을 쓰는 건 꿈을 꾸는 일이지만 글을 다듬는 건 꿈을 현실로 만드는 일이라고 생각하세요. 한 무더기 문장에서 먼지를 털어내고 그을음을 닦아내고 나면 몇 줄의 문장이 남을 거예요. 그러나 그 몇 줄이 당신을 미소 짓게 할 거예요. 몇 줄을 잇고 또 이어서 한 권의 책을 만드는 거예요. 모든 삶은 이야기지만, 삶을 읽을 만한 이야기로 만드는 방법은 퇴고뿐이죠.

Ⓦⓣ **당신이 즐겨 듣는 노래 제목으로 글을 시작해 보세요.**

지금 노래를 틀어보세요. 언제부터 이 노래를 좋아했나요. 가사? 음색? 멜로디? 연주? 어떤 부분에 끌렸나요. 노래를 들으면 누구를 떠올리나요? 무엇을 생각하게 되나요? 왜 이 노래가 인생 노래인지. 분위기에 젖어 써보세요.

트레이닝
Step 81

> 퇴고 = 빼기의 기술

반복되는 단어를 다른 단어로 바꿔보세요.

('이유 없이' 같은 단어를 반복하지 마세요.)

빼도 말이 되면 모두 지우세요.

(반드시 있어야 할 단어만 남기세요.)

한 사람에게 말하듯 말투를 통일하세요.

(갑자기 독자를 바꾸지 마세요.)

(ex) 3페이지에서 '짧게 쓰세요. 쉽게 쓰세요. 계속해서 쓰세요.'라고 말했다가, 27페이지에서 '짧게 쓰라.'고 했다가 37페이지에서는 '계속 써야 합니다.'라고 말하면 안 돼요.

쉽게 고치기

(ex) 행위와의 이별이 보편적 현상이 되는 일은 노화의 서글픈 자화상이다.

>>> 자연스럽게 하던 동작을 어느 순간 못하게 되죠.
　　 당연한 일임을 알지만 나이 듦은 여전히 서러워요.

ex 좋은 문장은 다음 문장을 부르는 문장입니다.
>>> 좋은 문장은 다음 문장을 부르는 법이다.
>>> 좋은 문장은 다음 문장을 부르죠.

ex 나는 글을 쓰다 보면 막막한 기분을 느낀 적이 몇 번이
나 있었다.
>>> 글을 쓰다 막막해질 때가 있다.
>>> 때로 글쓰기는 막막하다.

ex 내가 글쓰기를 시작한 것은 정말이지 사소한 계기였음
을 고백한다. 글을 쓴다는 것은 자격을 가진 사람들에
게만 가능한 일이라고 생각했었다.
>>> 사소한 계기로 글쓰기를 시작했다. 글을 쓰려면
　　 자격이 필요한 줄 알았다.

ex 가보지 않은 곳을 길이라고 부를 수 없듯이 글로 옮기
지 않은 것을 마음이라 부를 수 없습니다.
>>> 가보지 않으면 길이 아닙니다. 글로 옮기지 않으

면 마음이 아닙니다.

(ex) 언제 작가가 되는 걸까요? 글쓰기로 생계를 꾸릴 수 있을 때? 대중들에게 이름을 알렸을 때? 하루 종일 글만 쓸 때? 글쓰기뿐만 아니라 그림이든 노래든 선택한 일에 전념하는 순간부터에요. 전업은 살기 위해 하는 일이에요. 아르바이트를 하건 구걸을 하건 집안일을 하건 자신이 하고자 하는 일에 몸을 던졌을 때에요. 일이 바빠 하루에 십 분 밖에 쓰지 못한다 하더라도 그 십 분을 위해 산다면 그는 전업 작가에요.

>>> 언제 작가가 되는 걸까요? 글쓰기로 생계를 꾸릴 수 있을 때? 이름을 알렸을 때? 하루 종일 글만 쓸 때? 글쓰기에 전념하는 순간 사람은 작가가 돼요. 작가는 명칭이 아니라 행위에요.

(ex) 저 같은 경우에는 밥 먹다가 메모하고 화장실에서 메모하고 길을 걷거나 대화를 하다가도 메모를 해서 글감을 모아요.

>>> 때와 장소를 가리지 말고 글감을 모으세요.

(ex) 작가가 될 수 있는 사람은 따로 정해져 있는 걸까요.

>>> 작가가 될 사람이 따로 있을까요.

(ex) 글쓰기는 집중이 아닌 몰입이 필요해요

>>> 글쓰기는 집중보다 몰입이에요.

(ex) 홍보비용을 부담하라고 요구하거나 저자가 몇 부나 구매할 수 있는지 강요를 하는 출판사가 있다면 다시 한번 생각해 보길 바랍니다.

>>> 홍보비를 부담시키거나 책 구매를 강요한다면 재고해 보세요.

트레이너 팁

누군가를 생각하며 쓰되

누구라도 읽을 수 있게 고치세요.

개인적인 이야기를 구체적으로 쓰되

보편적인 가치를 향하세요.

나만 아는 이야기를 쓰되

나만의 이야기에 그치지 마세요.

ⓦⓣ **당신의 지인 중 가장 특이한 사람에 대해 써보세요.**

그의 생김새, 일화, 행동이나 말버릇, 당신과의 에피소드를 집어넣어 이야기를 살아 움직이게 만들어 보세요.

트레이닝
Step 82

투고 전 체크리스트

☐ **콘셉트는 명확한가요?**

☐ **예상 독자에 맞춰 편집했나요?**

☐ **자신의 원고를 한 문장으로 정의해 보세요.**

☐ **독자들을 어떠한 부분으로 만족시킬 수 있을까요?**

☐ **독자들이 이 책을 구매해야 하는 이유는 무엇인가요?**

☐ **기존 유사 도서와의 차별성은 무엇인가요?**

☐ **독자들이 원고를 읽고 공감할 요소는 무엇인가요?**

☐ **책에 등장하는 사람들에게 피해는 없나요?**
  (양해를 구하거나 익명성을 보장하거나 합의했나요?)

☐ **출판사 출간 방향과 어울리나요?**

☐ **출판사의 출간 주기는 어느 정도인가요?**

☐ **해당 출판사의 디자인과 편집을 살펴보았나요?**

☐ 이메일에 '보내는 사람'이 본명으로 되어 있나요?

(닉네임이나 장난 같은 이름으로 되어 있진 않은가요.)

Ⓦⓣ 진학이나 취업을 위해 자기소개서를 써 본 경험이 있을 테지요. **당신 이야기에 등장하는 인물의 자기소개서를 써보세요.** 소설을 쓰지 않더라도 해볼 만한 훈련이에요. 이미지를 구체화시킬 수 있으니까요. 단순한 이력서에 그치지 말고 외모, 성장과정, 가족 간의 관계, 취향, 가치관, 말투, 목소리까지 자세히 적어보세요. 삶은 설명될 수 없으며 오직 묘사할 수 있을 뿐이죠. 모든 글은 사람에 대한 이야기죠. 인물을 제대로 쓰지 못하면 이야기는 설득력을 잃어버릴 테죠. 지인 세 명의 자기소개서를 써보세요.

트레이너 팁   휴대폰 주소록을 여세요.

사람들의 이름을 모두 쓰세요. 이름 옆에 그와의 관계와 직업을 쓰고 어떻게 만났는지 적으세요. 그의 외모나 성격, 그가 자주 하는 말, 그의 인상착의를 쓰세요. 그의 습관, 가족 관계를 쓰세요. 하루에 한 명이면 충분해요. 아무것도 생각나지 않을 때까지 써보세요. 인물 리스트를 만들다가 소설의 등장인물을 찾을 수도 있겠죠. 수필에 쓸 사연이 떠오를 수도 있겠죠. 글은 결국 사람의 이야기니까요. 인물을 묘사하는 훈련을 해보세요.

싸움에 임하기 전에

　당신이 원했던 출판사가 무시해도, 당신이 두드린 출판사가 모두 거절해도 끝이 아니란 걸 기억하세요. 당신 원고에 가능성이 없는 건 아니에요. 당신이 가진 출판사 리스트보다 훨씬 많은 출판사가 있어요. 등록된 출판사만 몇 만 군데에요. 1. 온라인 서점에 들어가 자신이 쓴 원고 장르를 1위부터 검색해 보세요. 2. 출판사 이름을 메모하세요. 3. 네이버에서 도서출판 ○○○, 출판사○○○로 검색하세요. 4. 홈페이지나 블로그를 찾아보세요. 5. 책 카테고리로 들어가 출간한 책을 검색하세요. 6. 인스타그램이나 페이스북에서 출판사 이름을 검색해 보세요. 프로필에서 연락처를 찾아보세요. 7. 출판, 퍼블리쉬, pub, 북스 등을 검색해 보세요. 한 시간만 투자해도 수십 군데 출판사의 이메일 주소는 물론 출판사의 이념, 출간한 책의 종류, 출간 주기, 주력하는 분야, 출간한 책의 디자인까지 살펴볼 수 있어요. 퀴어, 동물, 환경보호, 글쓰기, 사회문제를 중점적으로 다루는 출판사가 있

240

을 뿐 아니라, 기독교나 불교 등 종교계 서적만 내는 출판사도 있다는 걸 알게 될 거예요. 직접 발품을 팔아 알아낼 수도 있어요. 서점이나 도서관으로 가서 책 맨 뒷장을 살펴보세요. 싸움에 임하기 전에 이 말은 꼭 하고 싶어요. 당신을 알아주는 한 사람만 있으면 돼요. 당신 원고를 알아봐 줄 출판사를 만날 때까지 두드림을 멈추지 마세요.

트레이닝
Step 84

어떤 출판사에 원고를 맡길 것인가

오후에 투고 이메일을 보냈는데 그날 밤 통화가 가능하냐는 답신을 받은 적이 있어요. 지금도 괜찮긴 한데 시간이 늦었으니 내일 오후 언제라도 편한 시간에 전화를 달라고 답을 했더니 밤 11시 48분에 전화가 오더군요.(그럴 수 있죠.) 남자분이셨네요? 나이가 어떻게 되세요? 등단은 하셨나요? (물을 수 있죠.) 글이 너무 좋다 필력이 뛰어나고 제목도 잘 지었다.(감사하다고 했죠.) 당장 서점에 가면 비슷한 에세이를 20권은 갖고 올 수 있다. (조금 무례하지만 그럴 수 있죠.) 전작은 얼마나 팔렸느냐? (물을 수 있죠.) 묻지도 않는데 자신도 소설가라느니, 외국에서 왔다느니, 사랑에 대한 글을 잘 쓰는 것 같은데 시를 쓰면 좋겠다느니(그럴 수 있죠.) 편집 방향을 새로 잡고 싶은데 이런 식은 어떠냐.(그럴 수 있죠.) 전화로 할 이야기는 아닌 것 같으니 내일 가이드라인을 보내주시면 살펴보고 말씀드리는 게 맞는 것 같다고 답했죠. 책 하나를 예로 들면서 이런 방식으로 다시 써준다면 출간할 의향이 있다는 식으로 말하더군요. '그럴 수는 없겠더군요.' 할 수 없는 게 아니라 하기 싫어지더군요. 초면에 (사실 생면부지의 사이지만요.) 이런다면 나중에 무슨 꼴을 당할까 싶더군요. 원고를 위해 무례함을 참을 수도 있지만 이런 생각이 들더군요. 이 사람이 내 원고를 소중히 대해 줄까? 대답은 결단코 아니더군요. 빈곤을 감내하고 고통을 견디며 써낸 제 글을 쉽게 재단하는 사람과는 일하고 싶지 않아요. 만약 정중하게 물었다면 달랐을 거예요. 통일성을 위해 이 꼭지는 뺐으면 한다. 새로운 장을 추가했으면 좋겠다. 전체적인 톤을 바꾸면 어떤가. 그렇게 말했다면 괜찮았을 거예요. 의견을 조율해 더 나은 원고를 만들면 기뻤을 테지요. 하지만 자신의 의견이 옳으니 따르라. 그렇지 않으면 계약은 없다고 말하는 사람과는 글쎄요. 같은 공간에 있기도 싫네요. 그런 사람에게 내 원고를 어떻게 맡기나요. 말도 제대로 하지 못하는 사람이 작가의 글을 제대로 다룰 능력이 있을까요. 설사 그렇다고 해도 대답은 거절이죠. 조심성 없는 사람에게 자신의 아이를 선뜻 맡길 사람이 어디 있겠어요. **무엇보다 내가 하고 싶은 이야기를 쓸 수 없다면 이게 다 무슨 소용이지?** 싶더군요. 어느 정도의 수정은 당연하죠. 방향 전환 가능하죠. 하지만 제 의견에는 관심조차 없는 사람과 일할 수는 없어요. 베스트셀러를 많이 낸 출판사 좋지요. 대형 출판사 좋아요. 적극적인 출판사 좋지요. 하지만 최고의 출판사는 당신의 원고를 소중히 대해주는 곳이라는 걸 잊지 마세요.

트레이닝
Step 85

생면부지의 편집자에게 구애하기

   원고를 완성하고 나면 상상의 나래를 펼치기 시작하죠.
이름만 대면 알만한 출판사와 계약할 것 같아요. 출판사 여
러 군데에서 출간을 제안하면 어디를 골라야 할지 고민해
요. 책이 대박이 나서 너무 유명해지면 어떻게 할지 걱정이
에요. 인세가 들어오면 뭘 할지 즐거운 공상을 하며 출판사
에 투고를 시작하죠. 출판사 홈페이지에 들어가 접수하거
나, 책 뒷장에서 이메일 주소를 알아내 투고하거나, 출판사
에 직접 전화를 해 알아보거나, 열정만 있다면 이메일 주소
를 알아내는 것쯤 아무것도 아니죠. 하지만 곧 냉혹한 현실
에 부딪치게 될 거예요. 출판사 대부분은 아예 무시할 거예
요. 읽지도 않거나, 없는 메일이거나, 읽고도 모른 척하거나.
답장의 대부분이 "선생님의 원고를 검토해보았으나 저희 출
판사 출간 방향과 맞지 않아." "출판사 사정이 좋지 않아."
"출간 일정이 꽉 차 있어서." 이렇게 거절하는 내용일 거예
요. (가끔 이러이러한 부분이 좋았고 이런 부분이 아쉬웠다

고 답해주는 출판사가 있는데 반드시 기억해 두세요.) 왜 그
런지 생각해 볼까요. 편집자는 하루에 수십에서 수백 통의
이메일을 받을 테지요. 원고지 수백 장에서 수천 장에 이르
는 원고들을 모두 읽어볼까요. 열정이 있다 해도 현실적으
로 검토할 시간이 있을까요. 출근해서 잠깐 이메일을 열어
볼 시간이라도 있으면 다행이지요. 출간할 책을 교정하고,
회의하고. 마케팅 계획을 세우고, 표지 디자인을 정하느라
눈코 뜰 새 없이 바쁠 거예요.

　　투고를 연애에 빗대보자면 지나가는 이성에게 말을 걸
어 사귀자고 하는 거랑 똑같아요. 당신의 외모와 매너, 능력
이 출중하다면 (유명인이거나, 전문분야에 종사하거나, 엄
청난 재능을 지녔다면) 모를까 십중팔구 거절, 아니 백전백
패하는 게 어쩌면 당연한 일일지도요. 난생처음 보는 사람
이, 실은 한 번 본 적도 없는 사람이 덩그러니 원고 수백 장
을 보내 책으로 만들어 달라는데 누가 "그럼 그럴까요?" 선
뜻 대답할까요. 당신이라면 그렇게 할 수 있나요? 서운해 할
필요도 없고 미안해 할 필요도 없어요.

　　그럼 무엇을 준비해야 할까요. 먼저 출판사에 대해서
알아야 해요.(어떤 취향을 갖고 있는지.) 주로 출간하는 책
은 무엇인지 알아야지요. 출간된 책을 찾아 어떤 식으로 편

집하고 디자인 하는지 살펴보세요. 해당 출판사가 원하는 글의 방향을 알아내세요. 출간된 책을 읽어보고 내용과 문장을 분석해보세요.(그가 어떤 사람인지 알았다면 당신을 바꿀 차례에요.) 편집자는 짧은 시간에 저자 소개, 출간 제안서, 목차와 개요를 보고 판단하겠죠. 투고하기 전에 콘셉트가 명확한지, 대상 독자층은 분명한지 한 번 더 살펴보세요. 투고 문구에 모든 것을 쏟아내세요. 제목, 목차, 출간 제안서로 매력을 어필하세요. 멋진 제목을 짓고 목차를 명료하게 정리하고 출간 제안서에 심혈을 기울이세요. 거절당해도 개의치 마세요. 비참하다고 생각할 필요 없어요. 그러면서 배우는 거죠. 다음 출판사로 넘어가면 돼요. 당신을 알아주는 단 한 명만 있으면 돼요. 출판사는 얼마든지 있어요. 마음을 다해 던지고 또 던지세요. 좋은 출판사가 따로 있을까요. 대형 출판사든 요즘 잘나가는 출판사든 상관없어요. 당신을 알아주는 한 사람, 당신의 책에 관심을 보이는 출판사가 좋은 출판사예요.

트레이닝
Step 86

출판의 종류에 관하여

기획 출판은 투고나 원고 의뢰를 통해 진행하지요. 저자가 원고를 제공하면 출판사가 기획, 편집, 인쇄와 마케팅까지 다 해요. 저자가 참여할 부분이 거의 없기에 성향에 따라 답답할 수도 있어요. 인세는 8%에서 10% 정도예요. 공동 기획 출판은 반 기획이라고도 해요. 합리적이고 주도적으로 출간할 기회일수도, 겉만 그럴듯한 자비 출판의 형태일수도 있어요. 저자가 초판을 찍는 비용의 전부나 일부를 부담해요. 인세는 20%~45% 사이에요. 비용은 자비 출판과 비슷하나 과정은 기획 출판과 유사해요. 다만 투자를 한 만큼 책을 만드는 과정에 참여도가 높은 편이죠. 책을 잘 만들어 줄 수 있는 출판사 같다면 한 번쯤 고려해 볼 만해요. 자비 출판은 진입 장벽이 낮거나 없어요. 대략 200~700만 원 정도의 비용이 들어요. 인세는 30%~60%, 출판사가 돈을 받고 도서를 '제작'해 줘요. 표지나 디자인 등을 결정할 수 있으나 비용 절감을 위해 선택의 폭은 좁은 편이에요.

독립 출판은 저자가 출판사 역할까지 하는 거예요. 유통이나 홍보는 어렵지만 개성 있는 책을 만들 수 있어요. POD (publish on demand) 라는 출간 형태도 있어요. 일종의 주문 제작 서비스라고 할까요. 고객이 파일을 넘기면 책을 제작하는 서비스죠. 쉽게 말해 주문이 들어오면 만들어 한 권씩 보내는 거예요. 출간 비용이 적게 들지만 유통 및 홍보가 어렵고 주문 원가가 높아지는 단점이 있지요. 크게 보면 자비 출판의 한 형태라고 볼 수 있어요.

　　쉽게 말해 **기획 출판이 투자처를 찾는 일이라면, 공동 기획은 협력 업체를 찾는 일이고, 자비 출판은 대행업체를 알아보는 일이며, 독립 출판은 직접 가게를 차리는 일이**라고 보면 돼요. 기획 출판이 작가 – 출판사 – 서점 – 독자, 독립 출판은 작가 = 출판사 (제작, 편집, 유통)인 셈이죠.

트레이닝
Step 87

거절당해도 당당하게

많은 편집자가 투고된 작품을 읽지 않고 '본다.'고 말하더군요. 처음부터 끝까지 꼼꼼하게 읽기보다 전체적인 그림을 본다는 소리죠. 짧은 시간에 제목, 구성, 목차, 문체, 시장성을 직관적으로 판단하다는 소리죠. 전체적으로 팔릴만한 아이템인지 살펴본다는 뜻이죠. 몇몇 편집자에게 거절당한다고 끝이 아니에요. 출판에 대해 우리보다 훨씬 많은 것을 아는 전문가임은 분명하지만 그들의 판단이 항상 옳은 건 아니죠. 수없이 거절당한 원고가 눈 밝은 편집자의 눈에 띄어 베스트셀러가 된 경우도 많아요. 그들이 기획한 상품이 얼마나 많이 실패하는지 생각해보세요. (물론 판매량만 고려했을 때요.) 다른 출판사의 문을 두드리세요. 거절에서 배우세요. 어떻게 기획해야 할지 연구하세요. 몇 군데 출판사에서 거절당했다고 지구가 멸망하지 않아요. 편집자는 작가에게 부모 같은 존재지만 그들도 실수하고 실패하죠. 대중들이 원하는 책을 내는데 출판 시장은 왜 이럴까요. 출판사

250

는 고객의 니즈를 정말 확실히 알고 있을까요? 모든 게 유튜브나 스마트폰 때문일까요? 사람들이 요즘 예능을 보지 않는 이유와 비슷하지 않을까요. 자신들이 생각하기에 팔릴 만한 것만 보여주기 때문은 아닐까요. 편집자는 기본적으로 책이 세상으로 나오도록 하는 산파의 역할을 하죠. 삼신할미의 역할까지 넘보는 편집자도 있겠지만 중간상인의 역할에 그치는 편집자도 있겠죠. 그래서 농민과 소비자의 직거래처럼 독립 출판이라는 형태가 생겨난 건지도요. 편집자가 부모와 같은 존재인 건 인정해요. 하지만 어떤 엄마는 자식을 제 맘대로만 키우려 하지 않나요? 어떤 엄마는 잘난 자식만 예뻐하지 않나요? 편집자들이 쓴 책은 왜 베스트셀러가 되지 않을까요? 물론 사명감을 갖고 일하는 편집자나 손해를 감수하면서 세상에 필요한 책을 내는 출판사도 분명 존재하지만 그들이 다수일까요? 누군가를 비난하려는 게 아니에요. 누구도 당신의 글에 값을 매길 수 없다는 거죠.

당신이 얼마나 많이 거절당하건 당신 원고의 가치가 훼손되지 않는다는 사실을 기억하세요. 빛을 보지 못한 원고는 있어도 글을 쓸 때 빛나지 않는 사람은 없어요. 얼마나 거절당하건 당신의 존재가 부정당한 건 아니죠. 거절과 좌절도 글쓰기를 이루는 부분이에요. 파도는 아래로 몸을 던지며 나아가죠. 당신이 지운 단어들만큼, 버린 문장들만큼, 빛을 보지 못한 원고만큼 작가의 영혼은 단단해져요.

트레이닝
Step 88

> ## 투고 문구의 진화 과정 살펴보기

무더운 날씨에 수고가 많으십니다.

지난 10여 년간 쓰고 정리한 글들을 원고로 완성하였습니다.

오랜 꿈을 이루기 위해 이렇게 메일을 남깁니다.

바쁘시겠지만 관심이 있으시면 답신 부탁드립니다.

　　※첫 번째 시집을 투고할 때에요. 출판사명도 없고, 이름도 밝히지 않고, 책 제목도 쓰지 않고 원고만 달랑 보냈어요. 심지어 단체 이메일로 스무 개씩 복사해서 보냈어요. 몰라서 한 행동이지만 지금도 부끄러워요. 이런 메일에도 답을 준 출판사 분께 감사할 따름이에요. 당신은 이런 실수를 하지 마세요.

안녕하세요. ○○입니다.

추운 날씨에 수고 많으십니다.

2017년 9월에 공동저서 "당신의 사막에도 꿈이 피기를"에 참여한 것을 계기로 2017년 11월 27일에는 시집 "괜찮아, 괜찮지 않아도"를 출간했습니다. 새로운 시작을 위해 이렇게 투고 원고를 보냅니다. 감사합니다.

분야 : 에세이

제목 : 소복소복

　　※아직도 정신을 못 차렸네요. 여전히 스무 개씩 묶어 보내고 있어요. 출판사 입장에서 전혀 모르는 사람에 불과한데 이름만 달랑 밝혔네요.

2019년 희망찬 새해가 밝았습니다.

행복이 가득한 한 해가 되길 기원합니다.

함께 좋은 책을 만들 수 있기를 희망하며 샘플 원고를 보냅니다. 새해 복 많이 받으세요.

저자 : ○○

제목 : 홀로 살아갈 용기

분량 : 274페이지

B

안녕하십니까. 귀 출판사에서 출간을 희망하며 문의 드립니다. 직장을 다니며 책 두 권을 출간했습니다. 퇴사 후 전업 작가의 꿈을 품고 글을 씁니다. "깜빡하거나 반짝이거나"는 삼사 십 대를 겨냥하여 쓴 원고입니다.

20세기 말의 추억, 중년에 느끼는 상실감, 중년 이후의 삶에 대한 생각을 담았습니다. 바쁘신 걸 알지만 검토해 주시길 소망합니다. 감사합니다.

이름 : ○○

제목 : 깜빡하거나 반짝이거나

출간 작품 : 그저 따뜻한 말 한마디,

괜찮아 괜찮아지지 않아도,

당신의 사막에도 꿈이 피기를 (공저 에세이),

홀로 살아갈 용기 (출간 예정)

※이제 조금 정신을 차렸네요. 이때부터 희망하는 출판사에 먼저 연락을 하고 책 페이지 수도 기재했지만, 아직 멀었어요. 책 판형(사이즈)에 따른 매수를 알리거나, 원고지 매수를 표시해야 했어요.

안녕하세요. 편집자님.
○○○○ 출판사에서 에세이 출간을 희망하여 연락드립니다.
바쁘신 와중에 잠시 짬을 내어 검토해주시면 감사하겠습니다.
출간 제안서와 원고를 첨부합니다.
새해 복 많이 받으시고 무엇보다 건강한 한 해 되시길 소망합니다.
이름 ： ○○ 연락처 : ○○○ ○○○○ ○○○○

　　※드디어 출판사의 이름을 부르네요. 출간 제안서를 쓰기 시작했어요. 제품 설명서도 없이 물건만 보내는 건 무례한 짓이에요. 출판사의 이름을 명시하세요. 출간을 원하는 출판사라면 그곳에서 출간한 책을 이야기하세요. 책에서 좋았던 부분이나 표지, 디자인, 내용을 칭찬하며 시작해도 좋아요. 칭찬을 싫어하는 사람은 없어요. 편집자도 사람이에요. 통하지 않아도 시도하세요. 이메일 본문에 책 제목과 분야, 이름을 기입해서 보내세요.

○○○○ 출판 편집자님께

메일을 열어보시면서 도대체 무슨 책일까. 민트 초코라니 무슨 내용일까. 잠깐이라도 생각하셨다면 좋겠습니다. 책이 팔리는 데는 여러 가지 요소가 복합적으로 작용하죠. 계절, 트렌드, 출판사의 역량, 편집, 디자인, 마케팅 등등. 그중에서도 작가의 이름은 무척 중요한 요소입니다. 유명한 저자의 작품이 잘 팔리는 건 당연한 일이지만 당장 이름을 알릴 방법은 없으니 시선을 끌 수 있는 제목을 지었습니다. 민트 초코에 대한 호불호는 정확히 반반. 메인 타깃이라 볼 수 있는 이삼 십 대 여성에게 어필할 수 있는 제목입니다. 책을 사러 온 독자의 입장에서 생각해 보죠. <민트 초코가 당신을 구해 줄 거야> 책을 좋아하는 사람이라면 궁금해 한 번쯤 넘겨보게 되겠죠. 민트 초코를 즐기는 사람이라면 민트 초코가 책으로 나왔네. 호기심에 한 번 집어 들거나 사진이라도 한 장 찍겠죠. 반대로 민트 초코를 싫어하는 사람이라면 하다 하다 이제 책까지 나왔다면서 불평이라도 하겠죠. 이슈를 만드는 건 정말 중요한 일이더군요. 내용에 관해서라면 편집자님이 판단하실 부분입니다. 출간 기획서와 샘플 원고. 전체 원고를 첨부합니다. 검토해 보시고 저와 같은 가능성을 발견했다면 연락주세요. 감사합니다. 여러모로 어수선한 시기입니다. 늘 건강에 유의하시길 바랍니다.

※출간 제안서와 샘플 원고, 전체 원고까지 첨부했네요. 투고할 때 배포용 문서로 보내야 한다는 사람들이 있는데 출판업계를 모르고 하는 말이에요. 당신의 아이디어를 훔치는 출판사는 없어요. 출간 제안서에 공을 들이고 샘플 원고를 만드세요. (편집자는 바빠요.) 원고에서 엑기스를 뽑아 샘플 원고를 만들고 영혼을 갈아 넣은 출간 제안서를 만드세요. 메일을 읽지 않는다고 상심하지 말고 거절당한다고 원망하지 마세요. 그들에게 당신의 원고를 읽어야 할 의무는 없어요. 거절 메일이라도 보내주었음에 감사하세요. 검토라도 해주었다는 뜻이니까요. 몇몇 출판사는 원고를 분석해주거나 이런저런 조언을 해주기도 할 텐데 마음에 새기세요. 그보다 값진 조언은 없어요. 정성 어린 답변을 해준 출판사를 기억해 두세요. 언젠가 당신이 유명해졌을 때 그곳에서 출판하는 걸 목표로 삼으세요.

트레이닝
Step 89

출간 제안서 쓰기

당신이 가진 능력을 모두 활용하세요.

편집 능력, 피피티, 엑셀, 사진 뭐든 좋아요. 도움이 될
만한 것이 있다면, 편집자 눈에 들 요소가 있다면 뭐든 활용
하세요. 주위에 포토샵이나 일러스트를 하는 사람이 있다
면 그들의 도움을 받으세요. 부끄러운 일이 아니에요. 당신
의 원고는 그만한 대우는 받을 자격이 있어요. 출간 제안서
를 보내기 전 생각해 보세요. 당신이 읽어주었으면 하는 사
람에게 말하듯 썼나요. 아이를 대상으로 한 원고에 어려운
단어만 가득하진 않나요. 노인을 대상으로 한 원고에 알아
듣지 못할 요즘 말만 써 놓은 건 아닌가요. 다시 한번 검토하
고 수정해 원고의 완성도를 올리세요. 제목을 한 번 더 생각
해 보세요. 본문 내용을 포괄하고 있나요. 사람들이 보고 매
력을 느낄만한 제목인가요. 부제가 제목을 충분히 보조하고
있나요. 책과 연관된 이력이나 경험이 있다면 모두 쓰세요.
당신이 갖고 있는 특별함을 쓰세요. 이혼을 세 번 했다면 그

것도 당신을 이루는 이야기죠. 쓰세요. 사업 실패만 수십 번 했다면 그게 당신의 스토리에요. 숨기지 마세요. 책을 내는 건 자신을 당당히 드러내겠다는 선언이에요. 출판사가 관심을 가질 만한 모든 걸 쓰세요. 마케팅적으로 강점이 있다면 쓰세요. 글을 쓸 때보다 더한 진심을 담아 출간 의지를 드러내세요. 책을 내기 위해 사람을 해치는 것 외에는 모두 할 마음가짐을 갖고 있어야 해요. 출간 제안서에 당신을 갈아 넣으세요.

Ⓦⓣ **출간 제안서를 써보세요.**

제 목	
부 제	
책의 내용	
저자	
프로필	
기획의도	
기획배경	
예상독자	
마케팅	

트레이닝
Step 90

계약 과정 꼼꼼히 살피기

　　출판사에서 전화나 문자, 메일 등으로 긍정적인 답변을 받으면 하늘을 나는 기분이 들겠지만 계약서를 쓰기 전까지 긴장의 끈을 놓지 마세요. 출간 의사가 곧바로 출판 계약으로 이어지진 않아요. 괜찮은 사람인 건 알겠는데 사귈지는 생각해 봐야겠다. 그 정도 호감 표시로만 받아들이세요. 출판사 대표가 전화를 걸거나, 담당자와 미팅을 하고 난 후에도, 당장 출간할 듯이 의지를 불태워도 계약이 성사되지 않을 수 있어요. 출간 작업을 진행하다가 엎어지는 경우도 있어요. 일단 계약서를 쓰기 전까지는 마음을 놓지 마세요. 보통 신인이 계약할 때 인세는 8%~10%에요. 홍보비용을 부담하라거나 저자가 몇 부나 구매할 계획인지 묻는 출판사라면 재고해 보세요. 여러 출판사에서 러브콜을 받는 황송한 경우도 있을 텐데요. 원고를 소중히 다루는 출판사가 좋은 출판사겠죠. 당신을 존중하고 적극적으로 임하는 출판사를 고르세요. 대형출판사는 자본력과 유통 능력, 마케팅 파

261

워 등이 장점이고, 소형 출판사는 책에 대한 전문성이나 열정, 자신의 책처럼 대해주는 진심이 장점이지요. 출간 계약은 만나서 하는 경우도 있고 서면으로 대체하는 경우도 있어요.(우편배송) 어떤 경우라도 출간 계약서를 이메일로 미리 확인하세요. 계약서를 작성하려다 곤란해지는 상황이나, 우편으로 날인까지 해서 보낸 계약서를 반송해야 되는 경우가 생길 수 있으니까요.

트레이닝
Step 91

> 출간 계약서 살펴보기

출판권 설정 계약서

저작물 표시

제호 : (※책의 제목을 말해요)

(가제)

종 별 : 1 권 - ※단행본의 경우

부 제 :

위 저작물을 출판함에 있어서, 저작권자(저자, 역자, 편자) ○○ 을(를) '갑'이라 하고, 출판권자 대표 ○○○를 '을'이라 하여 다음과 같이 약정하고, 신의와 성실로써 이 계약을 준수할 것을 다짐한다.

※저작권은 저작물이 창작되는 순간 발생하며, 일반 저작물은 저작자 사후 70년까지 존속

제1조 출판권의 설정 및 존속기간, 배타적 이용

① '갑'은 '을'에 대하여 위 표시의 저작물(이하'본 저작물'이라 한다)의

출판권을 설정하고, '을'은 본 저작물의 한국어판을 전 세계에 복제, 배포, 판매에 관한 독점적인 권리를 가진다.

② 전항의 출판권이라 함은 도서의 형태를 지닌 모든 저작물에 대한 권리를 말한다.

③ '을'은 위 저작물에 대한 출판권 설정을 등록할 수 있으며, '갑'은 지체 없이 협력하여야 한다.

④ '갑'은 본 계약의 유효 기간 중에 본 저작물의 제호 및 내용의 전부 또는 일부와 동일 또는 유사한 저작물을 출판하거나 제3자로 하여금 출판하게 할 수 없다.

※쉽게 말해 원고를 다른 책에서 그대로 써먹거나 다른 출판사와의 이중 계약은 허용하지 않겠다는 말이에요.

⑤ 위 출판권의 존속 기간은 계약 체결일로부터 초판 발행일까지와 초판 발행 후 5년 (번역일 경우 원 저작권 계약의 유효 기간)으로 하되, 정당한 해약 사유 또는 계약만료일부터 3개월 전까지 '갑'또는 을'이 서면 해약 통고가 없을 경우 본 계약과 동일한 조건으로 1년씩 자동 연장된다.

※보통은 3년이지만 길다고 크게 문제 될 일은 없어요. 잘 되지 않으면 출판사의 리스크고, 잘 된다면 그때 가서 생각해도 돼요.

제2조 원고의 인도와 발행 기간

① 원고의 인도 : '갑'은   년   월   일까지 위 출판을 위하여 필요하고도 완전한 원고(원고, 원도, 원화, 사진 등을 포함. 이하 '완전 원고'라 한다)를 '을'에게 인도하여야 한다.

② '갑'이 위의 ①항의 원고 인도 기한을 30일 이상 위반하였을 경우

'을'은 본 계약을 해제할 수 있다.

③ '을'은 '갑'으로부터 완전 원고를 인도받은 날로부터 12개월 안에 출판하여야 한다.

※출간이 한없이 늘어지는 경우가 있어요. 완성한 원고가 나오지 않으면 피가 마르는 기분이죠. 특히, 계절이나 트렌드에 영향을 받는 내용이라면 큰일이지요. 계약서에 확실히 명기해 두는 편이 좋아요.

④ 다만 부득이한 사정이 있을 경우에는 '갑'과 협의하여 ②항 및 ③항의 기한을 변경할 수 있다.

제3조 저작물의 내용에 대한 책임 및 편집권

① '갑'은 본 저작물의 내용이 제3자의 권리를 침해하여 '을'또는 제3자에게 손해를 끼칠 경우에는 '갑'이 민·형사상의 책임을 진다.

※표절하거나, 타인의 명예를 훼손하거나, 이익을 침해해서 소송을 당한다면 작가가 책임져야 한다는 거죠.

② '을'은 '갑'으로부터 인도받은 원고의 내용이 출판에 부적합하다고 판단될 경우 본 저작물을 출판하지 않을 수 있으며, 이 경우에는 계약 해제 또는 '갑'에게 재 집필을 요구할 수 있다. 단, 기획이 '을'에 의해 이루어진 경우 '갑'은 이 원고나 이와 유사한 원고를 제3자로 하여금 출간할 수 없다. 이를 위반하여 발생하는 모든 손해에 대해서는 '갑'이 전적으로 책임을 진다.

③ 본 저작물의 본문 및 표지의 디자인, 편집, 교정에 따르는 책임은 '을'이 지며, 그에 대한 권리를 가진다. 다만, '을'은 '갑'에게 필요시 이에 대한 협력을 요청할 수 있다.

※표지나 편집디자인에도 별도의 저작권이 있어요. 저작물은 저자의 것이나

디자인이나 편집도 창작물임을 기억하세요.

제4조 비용부담

본 저작물의 저작에 필요한 비용(및 원고인도 비용)은 '갑'이 부담하고, 본 저작물의 제작, 홍보 및 판매에 따른 비용은 '을'이 부담한다.

※책 구매를 유도하거나 마케팅 비용 명목으로 돈을 요구하는 출판사도 있어요.

제5조 저작권의 표시 등

① '을'은 본 저작물의 출판물에 '갑'의 성명과 발행 연월일 등 저작권 표시를 하여야 한다.

② 본 출판물의 발행에 따른 검인지는 '갑'과 '을'의 신용을 바탕으로 생략하되, '을'은 본 저작물의 발행 부수를 매 판(쇄)마다 '갑'에게 통보하고, '갑'의 확인 요구가 있을 때에는 이에 응하여야 한다.

제6조 정가, 부수, 장정 등

본 저작물의 체재, 장정, 정가, 발행 부수, 중쇄의 시기 및 선전, 판매의 방법 등은 '을'이 결정한다.

제7조 계속 출판의 의무 및 중쇄 통지의 의무

① '을'은 본 계약 기간 중 본 저작물을 계속해서 출판하여야 한다. 단 1년 동안 연평균 판매량이 500부 이하인 경우에 '을'은 중쇄의 기간을 조정하거나 본 계약을 해제할 수 있다.

② '을'이 본 저작물을 중쇄하고자 할 때에는 미리 '갑'에게 그 사실을 통지하여야 한다.

③ ②항의 통지에 따라 '갑'으로부터 수정, 증감 요구가 있을 때에는 '을'은 '갑'과 협의하여 이를 행하여야 한다.

제8조 출판권 설정 대가

① '을'이 '갑'에게 지급하는 인세는 정가와 판매 부수를 곱한 금액의 8%로 한다. 단, 판매 부수 1만 부부터는 정가의 9% 인세를 적용하고 2만 부 부터는 정가의 10% 인세를 적용한다. 대량판매 또는 홍보 목적상 공급률을 정가의 50% 이하로 납품하는 경우에는 그 부수에 한하여 기존 인세의 60%로 지급한다. 인세 지급은 본 저작물의 발행 후 6월, 12월 판매분 결산 후 결산일로부터 15일 이내 지급을 원칙으로 한다.

※기적은 쉽게 일어나지 않아요. 미리 몇만 부를 팔 꿈에 부풀어 욕심내지 마세요. 인세에 집착할 필요는 없어요. 보통 1쇄는 1,000부에서 2,000부를 찍는데, 1쇄도 다 팔기 어려워요. 정가 15,000원 도서를 1,000부 팔아도 작가에게는 150만 원이 지급될 뿐이에요. 단, 8% 미만이라면 재고해 보세요. 한국출판문화산업진흥원에서 출판 유통 통합 전산망을 운영하고, 대한출판문화협회에서 도서 판매 정보 공유시스템을 운영중이니 참고하세요.

② 계약 후 '을'은 '갑'에게 인세 선불금으로 금 (\ )을 15일 이내에 지급한다. 인세 선불금은 발행 후 인세에서 공제한다.

※선금이나 계약금을 지급한다면 원칙에 충실한 출판사이거나 원고의 소유권을 주장할 만큼 소중하게 여겨준다는 뜻이에요. 물론 그렇지 않은 출판사도 많고 인세를 미리 당겨 받을 뿐이니 선불금을 주지 않는다고 서운해 할 필요는 없어요.

③ '갑'이 '을'로부터 위 인세 선불금을 지급받고도 쌍방이 정한 기일 내에 완전 원고를 인도하지 않을 경우와 '갑'의 귀책 사유로 인한 계약

해지 시에는 '을'은 '갑'에게 계약 해지를 통보하고 갑은 을에게 계약
금의 3배의 금액을 계약 해지로 인한 손해 배상금으로 지급한다.

④ e-book을 제작한 경우에는 수익금을 갑과 을이 5:5로 배분한다.

**※전자책의 경우 출판사에 따라, 책의 판매 상황에 따라 제작을 결정하죠.
5:5면 적당하다고 생각해요. 인쇄 비용이 발생하지 않고, 이미 편집 파일이 존
재하는 전자책에도 10% 인세를 지불하는 건 공정하지 않아요. 만약 본인의
책이 전자책으로 팔릴 내용이라면 조정을 요구하세요. 크몽 등 전자책 사이트
를 활용하는 것도 하나의 대안이겠죠.**

제9조 홍보 및 광고

① 본 저작물의 출간 후 '갑'은 홍보(이벤트, 저자 사인회, 홈페이지 게
재, 기타 등)에 적극 협조한다.

② '갑'은 납본, 증정, 비평, 홍보 등을 위하여 제공되는 부수에 대해서
'을'로부터 제8조상의 대가를 받지 못하는 데 양해하며, 그 부수는
초판본과 개정판에 한해 10%를 인정한다.

**※홍보용으로 나가는 책이 많다고 서운해 할 필요 없어요. 투명하게 판매 현황
을 제공하는 출판사라면 그만큼 홍보를 위해 애쓰고 있다는 반증이니까요.**

제10조 갑에 대한 저작물의 증정

① '을'은 초판 발행 시 10부, 개정판에 한하여 5부를 '갑'에게 증정한다.

※대부분 출판사가 저자에게 10부의 증정본을 제공해요.

② 다만, '갑'이 본 저작물을 구입하고자 하는 경우 정가의 70%에 해당
하는 금액으로 '을'로부터 구입할 수 있다.

※강연이나 인맥을 통해 판매가 가능하다면 적극 활용할 만한 방법이죠. 독자

들은 저자의 사인본을 좋아해요.

제11조 해외판권 및 이차적 사용

① 해외에 저작물을 판매하여 수입이 발생하는 경우에는 '갑'과 '을'은
그 수입을 실제 입금 총액을 기준으로 5 : 5의 비율로 분배한다. 지
급은 인세 입금후 7일 이내에 입금한다. 단, 판매 조건에 대해서는
'갑'과 '을'이 협의를 통해 결정한다.

② 본 계약 기간 중에 본 저작물이 번역, 개작, 연극, 영화, 방송, 녹화,
CD-Rom, 게임, 인터넷 컨텐츠 등 이차적으로 사용되는 경우, '갑'
은 그 사용에 관한 처리를 '을'에게 위임하고, '을'은 구체적 조건에
대하여 '갑'과 협의, 결정한다.

※소설이나 시나리오, 희곡 등 2차 저작이 가능하다고 판단한다면 꼼꼼히 따
져보세요.

③ 만일 본 저작물이 본 계약 기간 중에 '갑'이 본 저작물을 자신의 전
집이나 선집 등에 수록, 출판할 때에는 반드시 '을'의 동의를 얻어
야 한다.

제12조 저작권, 출판권의 양도 등

① '갑'은 본 저작물의 저작권의 전부 또는 일부를 제3자에게 양도하
거나 이에 대하여 질권을 설정하고자 하는 경우에는 '을'의 동의를
얻어야 한다.

② '을'은 본 저작물의 출판권을 제3자에게 양도하거나 이에 대하여 질
권을 설정하고자 하는 경우에는 '갑'의 동의를 얻어야 한다.

제13조 계약 내용의 변경 및 해제

① '갑' 또는 '을'이 본 계약의 내용을 변경하고자 할 때에는 쌍방이 협의하여 결정한다.

② '갑' 또는 '을'은 상대방이 본 계약서에서 쌍방이 정한 사항을 위반하였을 때에는 서면으로 그 이행을 최고하고, 그 후 30일이 경과하여도 이를 이행하지 않을 경우에는 본 계약을 해제할 수 있으며, 또한 그에 따른 손해 배상을 청구할 수 있다.

제14조 출판권 소멸 후의 배포

출판권이 소멸한 후에도 '을'이 출판권 설정 대가를 지불한 경우에는 계약 기간 만료일 이전에 발행된 도서(재고)를 배포, 판매할 수 있다. 이때 판매 대금은 제8조 1항에서와 같이 6월, 12월 결산 후 입금한다.

제15조 기타

① '갑'과 '을' 사이에 추가 약정이 없는 한 '을'은 원고 반환의 의무를 지지 않는다.

② 천재지변, 그 밖의 불가항력의 재난으로 '갑' 또는 '을'이 손해를 입거나 계약이행이 지체 또는 불능하게 되는 경우, 상호 협의하여 공평하게 처리한다.

③ 본 계약에 명시되어 있지 않거나 해석상 이견이 있을 경우에는 저작권법 및 관계 규정 또는 관례에 의거하여 사회 통념과 조리에 맞게 해결한다.

④ 본 계약과 관련한 분쟁이 발생할 경우 '갑'과 '을'은 제소에 앞서 저작권심의조정위원회의 조정을 받으며, 소송이 제기되는 경우 '을'

의 사업장 주소지를 관할하는 법원을 제1심 법원으로 한다.

본 계약을 성실히 이행하기 위하여 동 계약서를 2통 작성하고 (갑)과
(을)이 서명 날인한 다음 각각 1통씩 보관한다.

년   월   일

저작권자 (갑)

주   소 :

성   명 :   (인)

주민등록번호 :

전 화 번 호 : (집)   (핸드폰)

이 메 일 주 소 :

통 장 번 호 :   은행 지점

출판권자 (을)

주   소 :

전 화 번 호 :

출 판 사 명 :

대   표 :   (인)

※계약서를 2부 작성하여 날인후 1부씩 보관하면 출간 계약이 끝난 거예요.

트레이닝
Step 92

편집 과정에 대해서

    계약서를 쓰고 나면 담당 편집자와 작업을 시작해요. 자신의 편집자를 스승으로 삼으세요. 편집자를 존중하지 않으면 좋은 책이 나올 수 없어요. 원고를 뭉텅 잘라 내거나 추가 원고를 요구해도 가능하면 따르세요. 다만 어떤 이유인지 물어보세요. 전체적인 흐름과 맞지 않아서 잘라냈을 수도 있고, 문장 연결이 단단하지 않거나 논란의 여지가 있기 때문일 수도 있어요. 배워두면 다음 책을 쓸 때에도 큰 도움이 될 거예요. 편집자가 깐깐하게 굴고, 계속 수정을 요구하고, 불필요해 보이는 것까지 꼼꼼하게 살핀다면 좋은 편집자를 만난 거예요. 편집자가 집요하게 구는 만큼 원고의 완성도가 올라가요. 지금 믿을 수 있는 사람은 편집자뿐임을 명심하세요. 물론 편집자가 없어도 책을 낼 수 있고 작가가 될 수 있어요. 하지만 좋은 작가가 되기는 어려울 거예요. 편집자의 잔소리와 쓴소리, 애정 어린 손길이 더해져야 좋은 책이 나오니까요. 글은 작가가 쓰지만 책은 편집자가 만들어요. 편집자의 말에 귀를 기울이세요.

편집 과정 요약

교정은 바로잡기 (맞춤법, 띄어쓰기 등)

교열은 가다듬기 (비문 수정, 가독성 높이기 등)

윤문은 색칠하기 (묘사, 상황 등)

일반적으로 편집자와 작가가 PDF 파일을 주고받으며

3번 정도 수정해요. (각 1교, 2교, 3교라고 해요.)

(ex) <민트 초코가 당신을 구해 줄 거야>의 경우

오래 전 ⇒ 오래전, 전 쯤 ⇒ 전쯤으로 교정하고,

~하라 ⇒ 한다. 로 교열하고, 아버지와의 에피소드를 덧붙이거나 민트 초코를 처음 먹는 장면의 묘사를 풍부하게 윤문했어요.

트레이닝
Step 93

이야기에게 말을 거는 삶

작가는 가난을 이야기하는 사람이죠. 물질적인 가난은 물론이고 정서적 빈곤이나 경험한 결핍에 대해 말해야 해요. 연인에게 버림받은 슬픔도 가난이에요. 가족에게 고통받은 기억도 가난이에요. 글쓰기는 이루지 못한 꿈과 누리지 못한 삶 사이에 있어요. 작가는 가난을 드러냄으로써 결핍과 살아가는 법을 배우죠. 독자는 가난에 얽힌 사연에 공감하며 자신의 결핍을 돌보는 법을 배우죠. 그들은 문장으로 이어져 잠시 서로에게 기대죠. 저마다의 가난을 버텨낼 온기를 얻어 각자의 집으로 돌아가는 거예요. 글쓰기는 삶을 살아내는 습관이에요. 글쓰기는 과정을 음미하는 작업이에요. 결론이 필요한 글도 있지만 문학이란, 과정에 대해 이야기하는 '일'이 아닐까요. 성급하게 결말을 향해 나아가는 대신 과정을 보여주는 데 집중하세요. 글쓰기를 통해 삶의 맛을 찾아내는 법을 배우는 거예요. 작가도 글쓰기가 두렵고 힘들지만 그 맛을 잊지 못해 하얀 방으로 다시 들어가는 거죠. 글쓰기를 통해 인생의 맛을 깨닫고 인생을 맛보는 수단으로 글쓰기를 사용하게 되죠. 영혼의 밀도를 지키기 위해 쓰는 거예요. 이런 나라도 사랑하기 위해, 그럼에도 나로 살아내기 위해 글을 쓰는 거죠. 꽃을 마주할 때마다 설레지만 작가로서의 나는 꽃의 생몰을 관찰해야만 해요. 나는 그저 사랑하고 싶을 뿐이지만 작가로서의 나는 사랑을 뭐라고 부를지 선택해야만 해요. 아들로서의 나는 아버지의 이야기를 가슴에 묻고 싶지만 작가로서의 나는 그의 이야기를 파헤쳐야만 해요. 사람으로서 나는 그저 고통이 지나가기를 바라지만 작가로서의 나는 고통의 과정을 기록해야 해요. 불운한 일을 겪을 때 나는 괴로워하지만 작가로서의 나는 기뻐해요. 모든 순간, 모든 장소에 두 사람의 내가 있어요. 둘 사이의 간격은 멀지만 그만큼 생은 확장되고 삶을 하나의 이야기로 받아들이게 되죠. 글을 쓰는 행위를 통해 내가 이야기를 만드는 존재임을 체감하죠. 쓰는 존재로서의 실감은 마음먹은 대로 살아낼 용기로 이어지죠.

글을 쓸 때만큼은 쓸모를 따지지 않기로 해요. 글쓰기라는 도구를 통해 도구가 되지 않는 법을 배우는 거예요. 주인으로서 살기 위해 쓰는 거죠. 제 노트북 안에는 지금 작업하는 원고 말고도 많은 글들이 있어요. 허무맹랑한 단편소설부터 조카들에게 써준 동화나 동시, 노래 가사, 비평과 서평까지. 책으로 내기에는 모자랄지 모르지만 하고 싶은 말을 다 해서 후련해요. 무엇이든 쓸 자유가 있음을 체감하고 무엇이든 쓸 수 있음을 느끼죠. 무엇이든 좋아요. 일단 써보세요. 쓸모에 갇히지 말고 쓰세요. 나를 지키기 위해 쓰는 거예요. '이렇게까지 해야 하나.' '이것밖에 안 되는 걸까.' 그런 날들을 견디다 보면 어느 순간 '이만하면 됐어' 체감하는 때가 올 거예요. 어떤 결과가 나오건 이렇게까지 해볼 수 있어서 다행이라고 여기게 될 거예요. 안데스의 매듭 문자처럼 지울 수 없는 무언가가 몸에 새겨지는 순간이 있을 거예요. 설명할 수 없어도 상관 없어지는 때가 올 거예요. 원고를 거절할 수는 있어도 글을 쓰는 순간에 담긴 진심은 훼손할 수 없어요. 진실은 저 너머에서 반짝이고 있기 때문이죠. 이곳에 없는 것을 파괴할 수는 없으니까요. 이미 내가 된 것을 빼앗을 수는 없으니까요. 나를 위해 쓴 시간이 삶을 긍정하게 만들어 줄 거예요.

어쩌면 글쓰기는 밥벌이에 하등 도움이 되지 않는 비생산적인 일인지도 몰라요. 하지만 '쓸모'를 목적하지 않고 무언가를 한다는 실감이 삶을 구원하죠. 글쓰기는 어둡고 험한 길이지만 그곳에서 별을 찾는 법을 배우죠. 씨앗을 뿌리지 않고 농사를 배울 수 없듯이 글쓰기는 '읽는' 것으로 배울 수 없어요. 우리에게 필요한 건 실수를 저지를 기회뿐이에요. 실수하고 실패하고 좌절하면서 나아가는 거죠. 메모하며 웃으세요. 노트에게 화내세요. 펜을 쥐고 꿈꾸세요. 당신이 보고 들은, 느끼고 생각하고, 상처받고 사랑한 모든 것을 종이에 쏟아내세요. 아스팔트에 흰색 선 몇 개만 그어도 사람들이 건너갈 길이 되는데 자신을 위해 꾸준히 쓰는 삶은 어떻게 바뀔까요.

✒ 에필로그

누군가를 도우려는 선한 마음은 아니었어요. 시작은 글쓰기가 힘들 때마다 징징거리는 메모장이었어요. 글쓰기의 고통은 누구와도 나눌 수 없거든요. 어떻게 해야 할지 알려줄 상사도 불평을 늘어놓을 동료도 없어요. 그렇게 모은 메모가 어느새 수십 장이 되어 있더군요. 어떤 점이 어려웠는지, 어떤 마음가짐으로 버텼는지, 어떻게 이겨낼 수 있었는지를 기록했어요. 답을 찾기 위해 글쓰기 책을 닥치는 대로 읽었어요. 위로가 되는 책도, 가르침을 주는 책도 있었지만 읽을 때뿐이었어요. 어떤 책도 실제로 쓰게 만들지 않더군요. 몇 권의 책을 내고 서랍을 열어보니 그동안 책을 출간해온 과정이 가득 쌓여 있더군요. 글쓰기를 시작할 때 알았으면 좋았을 이야기들이었어요. 벽에 부딪쳤을 때 받고 싶었던 위로가 있었어요. 나에게 글을 쓸 수 있다고 말해주는 누군가가 있었다면 어땠을까 싶더군요. 어쩌면 누군가에게 그런 사람이 될 수 있지 않을까. 글쓰기를 꿈꾸는 사람이 첫 페이지를 써내도록 도울 수 있다면 정말 멋진 일이 아닐까 생각했었어요. 과연 내가 글쓰기 책을 쓸 자격이 있을까 싶었지만 첫 책을 내는 데 36년이나 걸린 이유가 '자격'이 생기길 그저 기다렸기 때문이란 걸 떠올렸어요. 그냥 저지르지 않았다면, 한 꼭지의 글을 써보기로 결정하지 않았다면, 작가로 살아가는 나는 없었을 테지요. 충분히 알고 있기에 쓰는 게 아니죠. 알고 싶어서 쓰는 거죠. 거친 밥을 먹고 잠을 줄이고 불안한 내일을 감당하면서 오늘도 글을 쓰는 건 글쓰기를 사랑하기 때문이지요. '사랑하지만 나를 아프게 하는 것들'이 아니면 도대체 무엇을 쓴단 말이죠? 당신이 사랑하는 것을 쓰세요. 당신을 아프게 하는 것들을 쓰세요. 당신을 사랑하기 위해, 온전한 당신으로 살아내기 위해 쓰세요. 그러기 위해 부디, 이 책을 써주세요.

오나이쓰

1판 1쇄 발행   2022. 12. 25

지 은 이   김 민
발 행 인   박윤희
발 행 처   도서출판 이곳
디 자 인   디자인스튜디오 이곳
등   록   2018. 10. 8 신고번호 제 2018-000118호
주   소   서울 송파구 송파대로44길 9(송파동) 4층
팩   스   0504.062.2548

ISBN 979-11-977173-8-3(03190)

도서출판 이곳
우리는 단순히 책을 만들지 않습니다.
작가와 책이 마주치는 이곳에서 끊임없이 나음을 너머 다름을 생각합니다.

홈페이지   www.bookndesign.com
이 메 일   bookndesign@daum.net
블 로 그   blog.naver.com/designit
유 튜 브   도서출판이곳
인스타그램   @book_n_design

이 도서의 국립중앙도서관 출판예정도서목록(CIP)은 서지정보유통지원시스템 홈페이지(http://seoji.
nl.go.kr)와 국가자료종합목록시스템(http://www.nl.go.kr/kolisnet)에서 이용하실 수 있습니다.